Psicología Oscura MANIPULACIÓN y PNL – 2 MANUALES prácticos

By: Dr. David Juan Aguirre

Guía completa de las Técnicas de Persuasión, Manipulación, Control Mental, Negociación, Comportamiento Humano, PNL.

Índice

Técnicas Prohibidas de Persuasión PNL

PRIMERA PARTE: Introducción

Como suelo hacerlo en todos mis libros, lo primero que quiero hacer es darte las gracias. De verdad me siento muy complacido con tener el privilegio de llegar hasta ti, de que puedas leer toda la experiencia que deseo compartir contigo.

En este libro aprenderás sobre las diferentes técnicas de persuasión, especialmente aquellas que llamamos prohibidas, esas de las que casi nadie se atreve a hablarte, pero también la manipulación oscura.

En esta primera mitad te hablaré sobre Las técnicas de persuasión, y te dique las que verás en este libro no las he inventado yo, de hecho, aunque este libro es totalmente original y de mi completa autoría, es bueno que sepas que estas líneas son el reflejo de un conocimiento que he adquirido gracias a muchos años de estudio, a muchas lecturas y anécdotas vividas donde la teoría y la práctica se vuelven una misma cosa.

¿Deseas aprender sobre las técnicas de persuasión que nadie se atreve a decirte? Bien, has llegado al lugar indicado porque aquí te hablaré acerca de todo lo que he aprendido sobre la **PNL**, que al mismo tiempo es todo lo que necesitas saber para continuar un camino maravilloso, donde sabrás cómo convencer a las personas a tu alrededor y alcanzar cualquier objetivo que te hayas trazado.

Una vez más, en este punto, quiero agradecer que hayas tomado tu tiempo para leerme, pero también quiero felicitarte por brindarte a ti mismo la oportunidad de acercarte a un nuevo conocimiento, ese que sabrás combinar con tus experiencias propias hasta alcanzar una fuente de sabiduría que te permitirá construir tus propios conceptos y además poder poner en práctica todo lo que se volverá aprendizaje significativo para ti.

He decidido plasmar mis ideas de forma estructurada, de modo que no solo recibas detalles acerca de cómo ser persuasivo con las personas y como aplicar la Programación Neurolingüística (PNL) sino que además también te facilitaré todas las teorías y explicaciones científicas que validad el conocimiento relacionado con este tema.

Lo diré de otra manera: en este libro no solo tendrás ejercicios y consejos para lograr ser persuasivo y alcanzar todo lo que deseas con tan solo usar tu lenguaje, sino que también te daré todo lo que necesitas para que compruebes por ti mismo, que lo que te digo es real, palpable y sustentable.

Entonces nada, manos a la obra. Bienvenido a este viaje que apenas comienza.

Introducción a la PNL

¿Qué es la programación neurolingüística?

La Programación Neurolingüística (PNL) examina los engranajes dentro de la máquina que es la mente humana; nos ayuda a comprender qué impulsa el comportamiento humano. Se enfoca en cómo nuestros pensamientos, acciones, emociones y muchas otras características individuales trabajan juntas para afectar cómo nos conducimos.

Los desarrolladores de PNL, Richard Bandler y el Dr. John Grinder, buscaron la esencia del cambio de comportamiento; estaban decididos a comprender la gramática oculta del pensamiento y la conducta humana. Este deseo llevó al desarrollo de la PNL. Al estudiar los modelos de la PNL y utilizar sus habilidades, cualquiera puede usar su propio software mental para cambiar la forma en que se comporta habitualmente, para literalmente reprogramar su mente.

Metaprogramas

La PNL afirma que el comportamiento humano se compone casi en su totalidad de hábitos y patrones de comportamiento. Cualquiera puede sentarse en el asiento del conductor de su cerebro una vez que reconozca cómo estos hábitos y patrones afectan su comportamiento. La gama de temas cubiertos por la PNL es amplia y detallada; demasiado vasta para ser discutido completamente en un artículo. Uno de los más intrigantes, sin embargo, es sobre los hábitos relacionados con lo que nos motiva y el razonamiento detrás de las decisiones que tomamos.

Los metaprogramas son nuestros procesos mentales que gestionan, guían y determinan varios otros procesos mentales. El nombre está tomado de la terminología informática; hace referencia a las formas en que funcionan los programas en una computadora.

Para decirlo de manera simplista, "meta" significa algo que está en un nivel superior, mientras que "programas" son lo que instruyen a algo para que se ejecute en una PC. Por lo tanto, los metaprogramas son los "programas" primarios, sus hábitos incorporados, que dirigen otros "programas" en la computadora que es su mente. Existen numerosos metaprogramas intrínsecos a la PNL, más que los cinco comunes a continuación, y es posible que los vea redactados de diferentes maneras en Internet.

Los 5 metaprogramas más comunes

Estos cinco son los metaprogramas más comunes que identifican cómo están programadas nuestras mentes y cómo esto determina nuestro comportamiento:

- Hacia y lejos

- Interno y externo

- Igualdad y diferencia

- Proactivo y reactivo

- Opciones y procedimientos

Hacia y lejos

Las personas que tienen un programa "hacia" se mueven por alcanzar los objetivos; tienden a moverse hacia la obtención de placer y el logro de metas. Se fija metas con facilidad y frecuencia; esto es lo que te motiva. Su comportamiento está impulsado por su deseo de lograr y completar cosas, lo que le da una sensación de satisfacción.

Aquellos con un programa "ausente", sin embargo, se centran en alejarse del dolor y evitar riesgos; están impulsados por evitar problemas. Se asegura de que todo esté seguro y libre de consecuencias incómodas y posibles crisis antes de continuar.

Interno y externo

Aquellos con un programa "interno" establecen estándares para sí mismos en términos de aprobación y toma de decisiones. No buscará pruebas de haber hecho un buen trabajo o de haber tomado una buena decisión; usted "simplemente sabe" cuando lo ha hecho bien y ha cumplido con sus propios estándares personales. Demasiada retroalimentación puede desmotivarlo; necesita espacio para seguir adelante y realizar la tarea a su manera.

Aquellos con un programa "externo" miran a otros en busca de estándares y dirección; requieren aprobación y orientación externas. Prefiere ser manejado y supervisado y beneficiarse de una palmada en la espalda de vez en cuando para que sepa que su trabajo es bueno. Sin comentarios, es posible que se sienta desmotivado o inseguro de sus propias capacidades.

Igualdad y diferencia

Aquellos con un programa de "igualdad" están motivados por las similitudes en las cosas; identifican fácilmente similitudes y prosperan en actividades que no se extienden fuera de su zona de confort. Esta sensación de familiaridad te tranquiliza y te ayuda a comparar las cosas que estás viendo o tus circunstancias actuales con experiencias anteriores. La repetición es, para ti, algo bueno.

Aquellos con un programa de "diferencias" están, por el contrario, sintonizados con las diferencias en las cosas y están abiertos a probar cosas nuevas y crear cambios. Busca inconsistencias y trabaja activamente para rectificarlas, perfeccionando, incluso cuando no es necesariamente necesario. Reconocer las diferencias le permite comprender y explorar otras posibilidades.

Proactivo y reactivo

Aquellos con un programa "proactivo" son iniciadores;
continuarán con la tarea que tienen entre manos sin demora.
Está totalmente comprometido con el presente y tiende a no
preocuparse demasiado por lo que vendrá más adelante. Te
enfocas en cosas que son reales, cosas concretas y cosas que
sabes que son verdad. Se concentra en las tareas que ha
cumplido o está cumpliendo actualmente.

Aquellos con un programa "reactivo" dedican tiempo a
planificar el futuro y analizar las cosas; sus decisiones
requieren una cuidadosa consideración. Por lo general,
trabaja dentro de su propio marco de tiempo, dedicando
este tiempo a la deliberación, y puede encontrarse pensando
"debería", "podría", "debería". Su enfoque está en
programar y evaluar, esperar el momento adecuado y
prepararse para comenzar una tarea.

Opciones y procedimientos

Aquellos con un programa de "opciones" funcionan mejor
cuando tienen una visión general de algo; no se preocupan
por tener detalles más finos. Demasiada estructura te limita
y prefieres tener más opciones. Te gusta tener la opción de
explorar más cosas u otros aspectos por ti mismo.

Aquellos con un programa de "procedimientos",
alternativamente, funcionan mejor cuando se les presentan
respuestas específicas y detalles organizados. Su objetivo es

hacer las cosas de la "manera correcta". Prefiere las rutinas y la estructura y desea que se le brinde toda la información posible, lo que le permite trabajar de manera eficiente.

Muchas personas tendrán una combinación de estos patrones de comportamiento, pero sin duda se inclinarán más hacia un lado que hacia el otro. Cualquiera sea el caso, estos metaprogramas de PNL son ventanas interesantes a la mente humana y nos ayudan a comprendernos a nosotros mismos.

Además, debido a que estos patrones nos ayudan a comprender a otros seres humanos, podemos trabajar mejor con los demás y obtener una comprensión más sólida de sus comportamientos y preferencias personales. La PNL nos ayuda a construir puentes con los demás.

Con la PNL, puede obtener el control total de su mente e identificar las formas en las que funciona con mayor eficacia. Esto le permitirá adoptar un estado de ánimo positivo y prosperar en cualquiera que sea su función. Al reconocer cuáles son los valores intrínsecos de nosotros mismos y de los demás, podemos adaptarnos a las situaciones y realizar nuestro mejor esfuerzo.

La Sintonía, los sistemas representacionales, las creencias y cómo debilitarlas

Cambiar de opinión es difícil de hacer: cuando nuestras opiniones más queridas, como las convicciones políticas, las creencias religiosas, la moral y los principios fundamentales, son desafiadas, nuestros cerebros hacen una gran lucha para protegerlos. La investigación ha demostrado que cuando se cuestionan creencias profundamente arraigadas, la amígdala, una parte del cerebro que procesa las emociones, se acelera como si estuviéramos enfrentando un peligro, dejándonos sin ánimo para considerar una diferencia de opinión.

Y, sin embargo, la gente convence a otras personas para que crean cosas es lo que hace que el mundo gire. Ya sea que venda un producto, busque una promoción o se postule para un cargo, es muy probable que su trabajo requiera que influya y persuada a las personas de alguna manera. Y fuera del trabajo, muchas de nuestras relaciones sociales se basan en creencias compartidas: a menudo nos llevamos mejor con personas que están de acuerdo con nosotros.

La misma ciencia que nos ayuda a comprender cómo se forman las creencias en realidad puede ayudarnos a mejorar para cambiarlas. Lo primero que debes entender sobre la persuasión, explica Robert Cialdini, autor de Influence: The Psychology of Persuasion, es que lo que dices importa mucho menos que lo que eres.

"La mayoría de nosotros pensamos que el mensaje y los méritos del mensaje son las cosas que convencerán a la gente", dice Cialdini. "Ese no suele ser el caso. Muy a menudo, es la relación que tenemos con el mensajero. No siempre se trata de la discusión, sino de la entrega ".

Esto puede parecer una obviedad, pero es mucho más fácil influir en las personas que ya están cerca de ti. Esto se debe en parte a que sus cerebros ya están preparados para la reacción química correcta. El neurocientífico Paul Zak ha pasado la mayor parte de su carrera investigando la oxitocina, un neurotransmisor asociado con el amor, la felicidad, la vinculación y, como ha demostrado la investigación de Zak, la confianza.

"Te hace más sensible a la información social", dice. "Puedo persuadirte más eficazmente si inundo tu cerebro con oxitocina". Si está tratando de convencer a un amigo, familiar o socio de algo, sus probabilidades son mejores si los suaviza con recordatorios de su cercanía: las temperaturas cálidas, el contacto visual y el tacto, todos provocan la liberación de oxitocina. "Dales amor, dales afecto", dice Zak. "Dígales: 'Realmente quiero ayudarlos a comprender esto'".

Por supuesto, no puedes simplemente abrazar a todos los que necesitas para influir en tu punto de vista. Pero incluso para conocidos y otros lazos sueltos, todavía puede usar la psicología a su favor. Cialdini dice que comprender algunos principios universales del comportamiento humano puede ayudarlo a convertirse en un maestro influyente.

"La gente quiere retribuir a quienes les han dado", dice Cialdini. "Ese es el principio de reciprocidad". Un estudio de 2002 a través de la Universidad de Cornell encontró que cuando los meseros de un restaurante les llevaban a los clientes una menta o un dulce junto con la factura, las propinas aumentaban casi un tres por ciento. Si agregaron una menta adicional a la bandeja, las propinas subieron aún más.

"Si el mesero pone una menta en la bandeja y luego se vuelve y dice: '¿Sabes qué? Han sido tan buenos invitados, aquí hay otra menta', las propinas aumentan un 20 por ciento", dice Cialdini. "La clave es personalizar lo que das; que puede cambiar a las personas de forma espectacular ".

"Puede argumentar que si una idea es única, la gente la querrá".

Pero persuadir a alguien para que abra la mente no es tan fácil como comprar su afecto. En cambio, haz que se sienta escuchado. Preste atención a sus amigos y compañeros de trabajo, y dé obsequios que sean simples pero significativos. Aprender el pedido de café de alguien y sorprenderlo con una taza, por ejemplo, podría tener un efecto mucho mayor en su disposición a escuchar que darle una tarjeta de regalo de Starbucks.

Otra estrategia: utilice las reglas de la oferta y la demanda a su favor. Cuanto más raro es algo, más personas lo quieren y más están dispuestas a pagar por ello. Este mismo principio, dice Cialdini, puede aplicarse a la fe y la influencia.

"Hasta cierto punto, se puede argumentar que si una idea es única, la gente la querrá", dice. Esto incluso podría ofrecer una explicación de por qué algunas personas son más susceptibles a las noticias falsas o las teorías de la conspiración o por qué se aferran a información que ha sido rotundamente refutada. "Ahora están en posesión de una pieza de información o conocimiento que no todos tienen, y eso los distingue", dice. "Explica por qué creeremos cosas ridículas".

La percepción de escasez se convierte en un incentivo más poderoso para que las personas se sumen a sus ideas "si puede argumentar que, a menos que actuemos ahora, perderemos los beneficios de esta causa o enfoque", dice Cialdini. "' Tenemos un tiempo limitado para elegir personas que sean favorables a nuestro lado; tenemos que movernos ', que impulsa a la gente a actuar ".

Si ha leído hasta aquí, es probable que ya haya experimentado otro principio de la psicología de la persuasión: la autoridad. Cialdini y Zak son autores publicados con títulos avanzados, expertos en sus campos, por lo que es probable que esté más dispuesto a aceptar lo que tienen que decir sobre la ciencia de la influencia al pie de la letra.

"Cuando a las personas se les da la posición de un experto en, por ejemplo, problemas económicos difíciles, las áreas del cerebro asociadas con la evaluación crítica son planas", dice Cialdini. "Si un experto lo dice, no tenemos que pensar en ello".

Si está tratando de influir en la opinión de alguien sobre un tema en el que está bien educado, ese es un buen momento para presumir de su currículum. "Mencione sus antecedentes, experiencia o títulos", dice Cialdini. "Si puedes hacer que la gente crea que eres un experto y que te vean como alguien de confianza, nadie podrá vencerte".

Esa parte confiable es clave: puede ser la persona más educada y calificada que existe, pero no importará si la gente no confía en usted. Con ese fin, Cialdini recomienda un atajo que puede parecer contradictorio: "Estamos entrenados para comenzar con nuestros argumentos más convincentes, los más fuertes primero", dice. "Para generar confianza y credibilidad, debe comenzar por describir las debilidades de su caso". La gente puede sorprenderse, explica, pero les gustará que seas sincero con ellos. "Entonces, demuestras cómo las fortalezas superan a las debilidades y ganas el día".

También puede utilizar el historial de una persona a su favor; después de todo, nadie es más persuasivo para nosotros que, bueno, nosotros. Adapte su discurso para que coincida con las cosas que hicieron o dijeron en el pasado. (Eso podría significar investigar un poco en un feed de LinkedIn o Twitter, pero no se lo menciones de una manera que parezca espeluznante o desagradable).

"Alinee su recomendación con una declaración de ellos", dice Cialdini. "Como, 'Realmente aprecié lo que escribiste sobre la igualdad y la justicia. Por eso les pido que se muevan en la dirección de una mayor diversidad ". Nadie quiere que se vea que está incumpliendo su palabra, por lo que esta táctica funciona especialmente bien en las redes sociales. "Cuanto más público es", dice Cialdini, "más poderoso es el compromiso con la coherencia".

Pero una de las mejores estrategias para cambiar las creencias de alguien es también la más simple: somos mucho más fáciles de influenciar por personas que nos agradan o con las que tenemos cosas en común. Nuevamente, aquí es donde una búsqueda en Internet puede ser su amiga: si encuentra puntos en común o pasatiempos compartidos con alguien, puede ser útil mencionarlos antes de lanzarse a un argumento de venta. Incluso si es tan básico como animar al mismo equipo deportivo o atrapar el mismo programa de Netflix, ha establecido un vínculo común.

También puedes probar con cumplidos genuinos. "No solo a la gente le gustan los que son como ellos; les gustan las personas a las que les gustan y lo dicen ", dice Cialdini. "Si es un cumplido falso, la gente lo verá, así que espere hasta que encuentre algo que realmente le guste de lo que dijo una persona en una reunión, una posición que tomó con la que está de acuerdo o un buen trabajo que hizo en una tarea y entonces diles eso ".

 No es necesario que emplee cada una de estas tácticas cada vez que trabaje para persuadir a alguien. A veces, una sola estrategia encaja perfectamente; otras veces, una situación puede requerir una combinación de métodos de persuasión. Pero lo más importante a recordar cuando se trata de cambiar creencias es que los hechos son algo secundarios: el elemento humano es lo que importa. "El error que comete la gente es utilizar la lógica. Para los humanos normales, los datos y las pruebas no son la forma de cambiar de opinión ", dice Zak. "Somos criaturas sociales y estamos fascinados por otros humanos. No se trata de la historia. Se trata del narrador ".

Cómo Debilitar Creencias

Si tan solo pudieras atar a esa persona especial a una silla y obligarla a escuchar. O hacer que lean esa única cosa que finalmente cambiaría su mente obstinada. Finalmente verían la luz ...

Pero eso nunca sucederá. E incluso si toda esa parte de "es ilegal secuestrar y sujetar a la gente" no fuera un problema, la verdad es que no funcionaría. No hay garantías cuando se trata de cambiar la opinión de las personas. Entonces, ¿qué funciona con más frecuencia?

En la década de 1970, el profesor de psicología de la Universidad Estatal de Portland, Dr. Frank Wesley, investigó por qué algunos prisioneros de guerra estadounidenses desertaron a Corea del Norte durante la Guerra de Corea. Y no fue porque fueron torturados. Fue porque se les mostró bondad.

Su investigación mostró que prácticamente todos los desertores procedían de un solo campo de entrenamiento estadounidense. Como parte de su entrenamiento, se les había enseñado que los norcoreanos eran bárbaros crueles y despiadados que despreciaban a los Estados Unidos y buscaban resueltamente su destrucción. Pero cuando sus captores mostraron amabilidad a esos prisioneros de guerra, su adoctrinamiento inicial se deshizo. Se volvieron mucho más propensos a desertar que aquellos prisioneros de guerra a quienes no se les había dicho nada sobre los norcoreanos o se les había dado cuentas más neutrales sobre ellos.

Amabilidad inesperada, sin restricciones, cambió de opinión.

Pero tener una discusión razonable en estos días parece imposible. El mundo está tan cada vez más polarizado que "ningún mueble se rompe" pasa por una conversación civilizada. Todos están tan seguros de que tienen razón que terminan haciendo todo mal.

Necesitamos más discusiones donde nadie sea demonizado, avergonzado y ambas partes estén abiertas a cambiar de opinión. No solo es más agradable, sino que las cosas duras en realidad no funcionan. Simplemente hace que los enemigos sean más viciosos. Sí, algunos temas siempre serán controvertidos y las cosas no siempre saldrán bien, pero no tienen por qué ir mal.

Ahora sería genial si alguien se hubiera tomado el tiempo de reunir todos los conocimientos de la investigación revisada por pares, las negociaciones profesionales, el abandono del culto y la epistemología aplicada en un solo libro ... Oh, espera, alguien lo ha hecho.

Peter Boghossian y James Lindsay han escrito un excelente libro titulado Cómo tener conversaciones imposibles. Definitivamente haría mi lista de "Lo mejor de 2019", justo detrás de la gama de David Epstein. Francamente, este libro me enseñó mucho sobre los errores que personalmente cometo al golpear verbalmente a las personas que comparten información amablemente. Es breve pero está repleto de información útil e ideas frescas.

Primero, cubriremos rápidamente muchos aspectos fundamentales para que podamos llegar a los juguetes nuevos y geniales. Esta primera sección va a ser un poco relámpago. Algunas pueden parecer obvias, pero si las descuidas, ninguna de las siguientes ideas funcionará.

Sea un socio, no un adversario

La mayoría de nosotros entablamos una conversación con una "metáfora de la guerra" inconsciente en la cabeza: alguien gana y alguien pierde. Suma cero. Pero eso rara vez convence a nadie de nada. Necesitamos cambiar nuestro objetivo de ganar a comprender. ¿Cómo lleva eso a que la gente cambie de opinión? Para resumir rápidamente la gran estrategia aquí:

Necesitas simpatía. Esa es solo una forma elegante de decir "sé amable". Se respetuoso. Si no eres amable, todas las pruebas del mundo no te ayudarán. Encontrar un área común. No llames a la otra persona excepto en las infracciones más extremas. Y siempre déle a la gente la oportunidad de equivocarse de forma segura y con respeto. Decir "te lo dije" o avergonzar a alguien es una actitud de "no hacer prisioneros". ¿Y qué hace la gente cuando piensa que "no tomas prisioneros"? No se rinden, luchan hasta la muerte.

 No puedes controlar su comportamiento, solo el tuyo. El hecho de que se comporten mal no significa que usted haga lo mismo para mejorarlo. Modele el comportamiento que le gustaría ver en ellos. A menudo es contagioso, e incluso si no lo es, el empeoramiento de su comportamiento ciertamente no ayudará.

Concéntrate en escuchar. Y asegúrese de que sepan que está escuchando. Puede decir un simple "Te escucho" para reconocer sus palabras sin estar necesariamente de acuerdo con ellas. Haga "¿Cómo en el mundo podría alguien creer eso?" una pregunta que te haces con curiosidad, no una pregunta retórica que te haces mientras niegas con la cabeza.

Y un gran problema en estos días son las intenciones. La investigación muestra que probablemente asume que los de ellos son mucho peores de lo que realmente son. El objetivo principal de muy pocas personas es dañar a otros. Las personas pueden tener malas pruebas, un razonamiento deficiente o valores diferentes (pero aún nobles), pero rara vez son malvados. Sabes lo que se siente cuando alguien asume que eres una persona horrible o incorregiblemente estúpida. Instantáneamente te desagradan y tienen una probabilidad cero de cambiar de opinión. Ayude a otros a ver su lado y, de la misma manera, haga todo lo posible por ver de dónde vienen. Recuerde: ambos podrían estar equivocados.

Está bien terminar una conversación. Las cosas se ponen realmente feas cuando olvidas que esta es una opción. No pierdas una amistad. Y la forma más eficaz de tener argumentos productivos en Twitter o Facebook es no tener argumentos en Twitter o Facebook.

Recuerde, cambiar posiciones sobre valores profundamente arraigados puede llevar tiempo. Rara vez sucede con un repentino "¡Eureka!" momento. Incluso si haces todo bien, lo más probable es que no los vayas a convencer

Utilice las reglas de Rapoport

"No lo entiendes". La munición más común utilizada al principio en las conversaciones de metáforas de guerra. ¿Cuánto mejor irían tus conversaciones si pudieras sacar ese tema de la mesa, mientras construyes una buena relación y le muestras a la otra parte que eres intelectualmente honesto y justo?

Entonces, al principio, después de que inicialmente te arrojen un montón de su razonamiento, no les devuelvas tu posición. En su lugar, responda siguiendo las Reglas de Rapoport.

1. Intente volver a expresar la posición de su objetivo de manera tan clara, vívida y justa que su objetivo diga: "Gracias, ojalá hubiera pensado en ponerlo de esa manera".

2. Enumere los puntos de acuerdo (especialmente si no son asuntos de acuerdo general o generalizado).

3. Mencione todo lo que haya aprendido de su objetivo.

4. Y solo entonces se le permite decir algo como una palabra de refutación o crítica.

¿Cuánto más positivamente respondería si alguien hiciera eso? En esta era de polarización hostil, me temo que los abrazaría inmediata e incontrolablemente.

Los hechos son el enemigo

La gente no solo va a escuchar sus hechos y de repente tendrá un momento de "Camino a Damasco". La mera entrega de información rara vez cambia de opinión. Eso es para dramas judiciales. No escuchas una estadística y de repente cambias de lado y ellos tampoco. De hecho, todo lo contrario: los hechos son como golpes: por lo general, hacen que la otra parte levante la mano y bloquee lo que sea que le envíes a continuación.

Una vez más: no convence a la gente. La gente se convence a sí misma. Los estudios realizados ya en la década de 1940 por Kurt Lewin mostraron que las conferencias sobre por qué las personas deberían cambiar su comportamiento eran efectivas en un mísero 3% de las veces. Pero cuando las personas autogeneraron razones para la misma actividad, el cambio de comportamiento ocurrió el 37% de las veces. Las personas rechazan las ideas que se les dan y actúan sobre las ideas que sienten que se les ocurrieron.

Sí, lectores de toda la vida, esto es muy irónico viniendo de un blog que se enorgullece de presentar datos y estadísticas convincentes. Espera un segundo, las lágrimas me dificultan ver la pantalla.

No entregue hechos. La estrategia más eficaz es inculcar dudas y dejar que se convenzan a sí mismos. Pero, ¿cómo empezamos a hacer eso?

Utilice el "efecto de biblioteca no leída"
¿Cómo funciona tu teléfono? Sí, sé que tiene que ver con las computadoras y las ondas de radio, pero ¿cómo funcionan las computadoras y las ondas de radio? A menos que tenga

un título en ingeniería eléctrica, aquí solo hay una respuesta honesta y fundamental:

No lo sabes.

Realmente no sabes cómo funciona la gran mayoría de las cosas. (Por favor, explícame "electricidad". Lo más cerca que podemos estar cualquiera de nosotros es "la cosa mágica que hace que las cosas funcionen"). Es como si el conocimiento que tenemos fuera un montón de libros prestados de una biblioteca confiable, libros que nunca molestamos leer. Todos estamos mucho más seguros de la mayor parte de lo que sabemos de lo que tenemos derecho a estar.

Eso significa cómo sabemos lo que sabemos y por qué creemos que lo que creemos son en realidad mucho más frágiles de lo que pensamos e infunden muchas más dudas que debatir la exactitud de los hechos mismos.

Aprovechar el efecto de biblioteca no leída significa que usted alienta a la otra persona a hablar y, al hacerle preguntas amablemente, le permite ver su propia ignorancia. En lugar de golpearlos con hechos, se hacen dudar. Sócrates estaría orgulloso. Por lo menos, a menudo sirve para moderar creencias extremas porque es humillante darse cuenta de que realmente no puede explicar en qué se basan sus creencias. Y reduce la hostilidad porque no tiene que arrojarles esos hechos contraproducentes; solo haces preguntas sinceras.

Invite explícitamente a explicaciones, pida detalles, continúe con preguntas puntuales que giran en torno a solicitar cómo alguien conoce los detalles y continúe admitiendo abiertamente su propia ignorancia. En muchas conversaciones, cuanta más ignorancia admita, más fácilmente su interlocutor en la conversación intervendrá con una explicación para ayudarlo a comprender. Y cuanto más intentan explicar, más probabilidades hay de que se den cuenta de los límites de su propio conocimiento. Esta estrategia no solo ayuda a moderar puntos de vista fuertes, sino que modela la apertura, la voluntad de admitir la ignorancia y la disposición a revisar las creencias.

Por ejemplo, los partidarios de ambos lados del pasillo apoyan muchas políticas gubernamentales que apenas entienden. ¿Se ha demostrado que esta política funciona antes? ¿Cuáles son las alternativas viables? ¿Cuánto costaría? ¿Cuáles son las posibles desventajas? ¿Cómo se implementaría? La mayoría de la gente sigue el instinto, no la evidencia, pero esto rara vez les impide ser chillones y estridentes.

El efecto de biblioteca no leída puede ayudar a las personas a moderar sus puntos de vista, pero en la zona de guerra conversacional actual las declaraciones extremas son demasiado comunes. La gente toma posiciones que están tan lejos de la pared que es una tarea hercúlea encontrar algún tipo de terreno común. Y esto convierte las cosas en un interminable ida y vuelta de "sí, lo es" / "no, no lo es".

Utilice escalas numéricas para hacer comparaciones y devolver a las personas a la realidad.

Por ejemplo:

ELLOS: "¡Nuestro gobierno es tiránico!"

USTED: "Si la Rusia de Stalin fuera un 9 sobre 10 en tiranía gubernamental, ¿dónde está nuestro país ahora?"

Si la otra persona al menos cae en la categoría de "al límite de su sano juicio y puede seguir viviendo una vida semi-normal", retrocederá un poco y obtendrá algo de perspectiva. Esto no significa que estén necesariamente equivocados, pero estás proporcionando un contexto que fundamentará mejor las creencias extremas.

También puede aprovechar las escalas para conocer sus dudas preexistentes, a las que luego puede agregar combustible.

Sigamos con ejemplos:

USTED: "En una escala del 1 al 10, donde 1 es sin confianza y 10 es confianza absoluta, ¿qué tan seguro está de que la creencia es verdadera?"

ELLOS: "Estoy en un 8."

USTED: "Solo por curiosidad, ¿por qué no dijiste 9?"

Ahora comenzarán a defender sus propias creencias, un caso que encontrarán al menos algo convincente. Sonreír. Te están entregando un mapa del tesoro.

Bien, ahora estamos cocinando. Pero, ¿cuál es el método más poderoso para lograr que las personas le den a la otra parte una mirada honesta y justa?

Utilice la desconfirmación

Eso significa pedirles una variación sobre:

"¿En qué condiciones podría ser falsa tu creencia?"

Las personas razonables e intelectualmente honestas (los dos que quedan en este planeta) admitirán que podrían estar equivocados y responderán con una pista sólida sobre qué ángulo podría convencerlos. Haga preguntas para aclarar las condiciones específicas bajo las cuales podrían reconsiderar su postura: "Entonces, si los resultados de ese estudio al que hace referencia no se pudieran replicar, ¿estaría dispuesto a cambiar de opinión?"

Pero, por supuesto, no todo el mundo va a jugar limpio. Pueden responder: "¡Absolutamente nada me convencería de que estoy equivocado!" Pero ahora están diciendo que su posición es Immutable Truth ™, que, para la gran mayoría de los problemas, es como decir: "Por la presente, admito públicamente que soy un fanático obsesionado".

Entonces, para calificar para una Tarjeta de Membresía de Sanity, muchos responderán con algo, pero algo que es tremendamente inverosímil: "Si puedes traer a la PERSONA A de entre los muertos para decir que estaba equivocado acerca de B, entonces dejaría de creer. ¡¿Qué hay sobre eso?!" Esto es frustrante, pero también es una admisión tácita de que saben que la evidencia no justifica sus creencias. Básicamente, están admitiendo que no son sinceros.

Si desea seguir insistiendo, puede abordar el problema de por qué el listón es tan excepcionalmente alto para este tema y hacer una pregunta con respecto a un desafío más razonable: "Me cuesta entender. ¿Usas ese proceso de razonamiento para cualquier otra cosa, o solo para X? ¿Por qué cree que su estándar de desconfirmación para esto es mucho más alto que para otras cosas? Me pregunto por qué un problema más simple, como por qué después de todo este tiempo nunca se ha encontrado un Bigfoot muerto, no es lo suficientemente bueno como para arrojar alguna duda sobre su creencia en Sasquatch ".

Si ha hecho un buen trabajo con la relación, los métodos anteriores lo llevarán bastante lejos con la mayoría de las personas, pero no es una garantía. Algunos simplemente dirán firmemente que nada cambiará de opinión. Otros, sin importar cuán educado o diplomático sea usted, afirmarán estar moralmente ofendidos por una pregunta ("¡Eres un hereje / fanático / anarquista!") Que les permitirá aliviar la disonancia cognitiva cambiando de tema.

Si antes pensaba que los hechos eran inútiles, aquí son doblemente inútiles. Las creencias más tenaces a menudo no tienen nada que ver con la verdad. Ni siquiera saben en qué parada de metro está la verdad. Se trata de valores e identidad. ¿Y sabes qué dice la investigación en neurociencia que ocurre en el cerebro de las personas cuando desafías sus creencias de identidad?

Una interpretación de estas activaciones en el contexto de nuestro estudio es que estas estructuras están señalando amenazas a creencias profundamente arraigadas de la misma manera que podrían señalar amenazas a la seguridad física.

En lo que respecta a su cerebro, bien podría estar blandiendo un hacha cuando cuestione la política del tío Fred en la mesa de la cena navideña. Pisa con cuidado.

Si mantiene fuerte su juego de simpatía y tiene la paciencia suficiente para llenar un almacén de Amazon, es posible continuar esa conversación. ¿Cómo? Con la versión de valores del efecto de biblioteca no leída. Las personas tienen sentimientos muy fuertes sobre los problemas morales, pero por lo general solo son vagamente conscientes del proceso que los llevó allí.

Así que cambie el tema de la exactitud de sus creencias a cómo saben que sus creencias son verdaderas y cómo sus creencias contribuyen a su sentido de identidad personal. No discuta si Bigfoot es real; pregunta cómo saben que Bigfoot es real: "Estas creencias te parecen muy importantes. ¿En qué los estás basando? "

Induzca dudas al abordar si su proceso de razonamiento está en línea con sus conclusiones: "¿Todas las personas razonables sacarían la misma conclusión?" Si dicen que sí: "Soy una persona sincera y razonable y me cuesta sacar la misma conclusión. ¿Como llego hasta ahí?"

Utilice preguntas de desconfirmación relacionadas con la moralidad y su visión de una buena persona: "¿Sería una buena persona si no tuviera esta creencia? ¿Quiénes son algunos ejemplos de personas que no tienen esa creencia y que son buenas personas? "

Dicho esto, ejecutado correctamente, este ángulo te llevará mucho más lejos que los gritos interminables y la declaración de enemistades sangrientas. Puede notar un cambio en su perspectiva con el tiempo. Y si provocas curiosidad por su parte sobre perspectivas alternativas, es una muy buena señal.

Reconocer las estrategias mentales de otras personas

Lo primero que te diré es que este capítulo es tofo un viaje a través de diferentes teorías, postulados y pensamientos de los más grandes científicos y teóricos de la humanidad.

Veremos grandes citas, grandes frases que definen todo lo relacionado con las estrategias y los hábitos mentales.

Usamos el término "hábitos mentales" para referirnos a lo que también pueden ser las estrategias mentales, pues ambas cosas van de la mano.

Las estrategias mentales o los hábitos mentales tener una disposición a comportarse de manera inteligente cuando nos enfrentamos a problemas para los que no conocemos las respuestas de inmediato. Cuando los seres humanos experimentan dicotomías, se sienten confundidos por dilemas o se encuentran cara a cara con incertidumbres, nuestras acciones más efectivas requieren la elaboración de ciertos patrones de comportamiento intelectual. Cuando recurrimos a estos recursos intelectuales, los resultados que producimos son más poderosos, de mayor calidad y de mayor importancia que si no empleamos esos patrones de comportamiento intelectual.

Cuando se enfrente a una situación problemática, emplee uno o más de estos hábitos mentales preguntando: "¿Qué es lo más inteligente que podemos hacer en este momento?"

Emplear hábitos de la mente requiere una combinación de muchas habilidades, actitudes, señales, experiencias pasadas y tendencias. Significa que valoramos un patrón de pensamiento sobre otro y, por lo tanto, implica la toma de decisiones sobre qué patrón debería emplearse en qué momento. Incluye sensibilidad a las señales contextuales en una situación, lo que indica que es un momento y una circunstancia apropiados para emplear este patrón. Se requiere un nivel de habilidad para emplear y llevar a cabo los comportamientos de manera efectiva a lo largo del tiempo. Finalmente, lleva a las personas a reflexionar, evaluar, modificar y llevar a cabo sus aprendizajes en aplicaciones futuras.

Las investigaciones sobre el pensamiento eficaz y el comportamiento inteligente indican que existen algunas características identificables de los pensadores eficaces. Los científicos, artistas y matemáticos no son los únicos que demuestran estos comportamientos. Estas características se han identificado en mecánicos exitosos, maestros, empresarios, vendedores y padres, personas de todos los ámbitos de la vida.

Hábitos de la mente

 A continuación se presentan descripciones y una elaboración de 16 atributos de lo que hacen los seres humanos cuando se comportan de manera inteligente (ver "16 hábitos de la mente"). Estos hábitos de la mente son los que hacen las personas inteligentes cuando se enfrentan a problemas complejos. Estos comportamientos rara vez se realizan de forma aislada. Más bien, se extraen grupos de tales comportamientos y se emplean en diversas situaciones. Cuando se escucha con atención, por ejemplo, uno emplea flexibilidad, metacognición, lenguaje preciso y quizás cuestionamiento.

16 Hábitos Mentales

- Los 16 hábitos mentales identificados por Costa y Kallick incluyen:

- Persistente

- Pensar y comunicarse con claridad y precisión.

- Manejar la impulsividad

- Recopilando datos a través de todos los sentidos

- Escuchar con comprensión y empatía

- Creando, imaginando, innovando

- Pensando con flexibilidad

- Respondiendo con asombro y asombro

- Pensando en pensar (metacognición)

- Tomando riesgos responsables

- Luchando por la precisión

- Encontrar el humor

- Cuestionar y plantear problemas

- Pensando de manera interdependiente

- Aplicar el conocimiento pasado a situaciones nuevas

- Permanecer abiertos al aprendizaje continuo

Por favor, no piense que solo hay 16 formas en las que los humanos muestran su inteligencia. Debe entenderse que esta lista no debe estar completa. Usted, sus colegas o sus estudiantes querrán continuar la búsqueda de hábitos mentales adicionales agregando y elaborando esta lista y las descripciones (para obtener un ejemplo de una lista adicional, consulte "13 hábitos de un pensador de sistemas", compilado por la Fundación Waters).

Persistente
"La persistencia es la hermana gemela de la excelencia. Uno es una cuestión de calidad; el otro, cuestión de tiempo ".

- Marabel Morgan

Las personas eficaces se apegan a una tarea hasta que se completa. No se rinden fácilmente. Son capaces de analizar un problema para desarrollar un sistema, estructura o estrategia para atacarlo. Emplean una variedad y tienen un repertorio de estrategias alternativas para la resolución de problemas. Recopilan evidencia para indicar que su estrategia de resolución de problemas está funcionando, y si una estrategia no funciona, saben cómo hacer una copia de seguridad y probar otra. Reconocen cuándo se debe rechazar una teoría o idea y emplear otra. Tienen métodos sistemáticos para analizar un problema que incluyen saber cómo comenzar, qué pasos deben realizarse y qué datos deben generarse o recopilarse. Debido a que son capaces de mantener un proceso de resolución de problemas a lo largo del tiempo, se sienten cómodos con situaciones ambiguas.

Manejo de la impulsividad ".El retraso de la gratificación autoimpuesto y dirigido por el dios es quizás la esencia de la autorregulación emocional: la capacidad de negar el impulso al servicio de una meta, ya sea construir un negocio, resolver una ecuación algebraica o perseguir el objetivo de Stanley. taza."

—Daniel Goleman

Los solucionadores de problemas eficaces tienen un sentido de deliberatividad: piensan antes de actuar. Forman intencionalmente una visión de un producto, plan de acción, meta o destino antes de comenzar. Se esfuerzan por aclarar y comprender las instrucciones, desarrollar una estrategia para abordar un problema y retener los juicios de valor inmediatos sobre una idea antes de comprenderla por completo. Los individuos reflexivos consideran alternativas y consecuencias de varias direcciones posibles antes de tomar medidas. Disminuyen su necesidad de prueba y error al recopilar información, tomarse el tiempo para reflexionar sobre una respuesta antes de darla, asegurarse de que comprenden las instrucciones y escuchar puntos de vista alternativos.

Escuchar a los demás: con comprensión y empatía "Escuchar es el comienzo de la comprensión. ... La sabiduría es la recompensa por toda una vida de escucha. Dejemos que los sabios escuchen y contribuyan a su aprendizaje, y que los que disciernan reciban orientación ".

—Proverbios 1: 5

Según Stephen Covey, las personas altamente eficaces dedican una cantidad excesiva de tiempo y energía a escuchar. Algunos psicólogos creen que la capacidad de escuchar a otra persona, sentir empatía por ella y comprender su punto de vista es una de las formas más elevadas de comportamiento inteligente. Ser capaz de parafrasear las ideas de otra persona, detectar indicadores de sus sentimientos o estados emocionales en su lenguaje oral y corporal, expresar con precisión los conceptos, las emociones y los problemas de otra persona, todos son indicaciones de un comportamiento de escucha (Piaget lo llamó "superar el egocentrismo").

Peter Senge y sus colegas sugieren que escuchar atentamente significa prestar mucha atención a lo que se dice debajo de las palabras. La escucha generativa es el arte de desarrollar silencios más profundos en ti mismo, para que puedas ralentizar la audición de tu mente a la velocidad natural de tus oídos y escuchar debajo de las palabras su significado. Esta es una habilidad compleja que requiere la habilidad de monitorear los propios pensamientos mientras, al mismo tiempo, se presta atención a las palabras del compañero. Perfeccionar este comportamiento no significa que no podamos estar en desacuerdo con alguien. Un buen oyente trata de comprender lo que dice la otra persona. Al final, puede que no esté de acuerdo, pero como no está de acuerdo, quiere saber exactamente con qué está en desacuerdo.

Pensar con flexibilidad "Si nunca cambia de opinión, ¿por qué tener una?"

- Edward deBono

Un descubrimiento asombroso sobre el cerebro humano es su plasticidad, su capacidad para "reconectarse", cambiar e incluso repararse para volverse más inteligente. Las personas flexibles son las que tienen más control. Tienen la capacidad de cambiar de opinión a medida que reciben datos adicionales. Se involucran en actividades y resultados múltiples y simultáneos, se basan en un repertorio de estrategias de resolución de problemas y saben cuándo es apropiado ser amplio y global en su pensamiento y cuándo una situación requiere precisión detallada. Crean y buscan enfoques novedosos y tienen un sentido del humor bien desarrollado. Visualizan una serie de consecuencias.

13 HÁBITOS DE UN PENSADOR DE SISTEMAS

- Observa cómo los elementos dentro de los sistemas cambian con el tiempo, generando patrones y tendencias.
- Reconoce que la estructura de un sistema genera su comportamiento: se centra en la estructura, no en la culpa
- Identifica la naturaleza circular de las relaciones complejas de causa y efecto, es decir, interdependencias.
- Cambia las perspectivas
- Supuestos de superficies y pruebas
- Considera un problema completamente y resiste la tentación de llegar a una conclusión rápida.
- Considera cómo los modelos mentales (es decir, las actitudes y creencias derivadas de la experiencia) afectan la realidad actual y el futuro.

- Utiliza la comprensión de las estructuras del sistema para identificar posibles acciones de apalancamiento
- Considera las consecuencias de las acciones a corto y largo plazo.
- Encuentra dónde surgen consecuencias no deseadas
- Reconoce el impacto de los retrasos en el tiempo al explorar las relaciones de causa y efecto.
- Comprueba los resultados y cambia las acciones si es necesario: "aproximación sucesiva"

Las personas flexibles pueden abordar un problema desde un nuevo ángulo utilizando un enfoque novedoso (deBono se refiere a esto como pensamiento lateral). Consideran puntos de vista alternativos o tratan con varias fuentes de información simultáneamente. Por lo tanto, la flexibilidad mental es esencial para trabajar con la diversidad social, lo que permite a un individuo reconocer la integridad y la distinción de las formas de experimentar y dar sentido a otras personas.

Los pensadores flexibles pueden adoptar una perspectiva "macrocéntrica". Esto es similar a mirar desde un balcón a nosotros mismos y nuestras interacciones con los demás. Esta vista de pájaro es útil para discernir temas y patrones a partir de una variedad de información. Es intuitivo, holístico y conceptual. Dado que a menudo necesitamos resolver problemas con información incompleta, necesitamos la capacidad de percibir patrones generales y saltar a través de brechas de conocimiento incompleto o cuando faltan algunas piezas.

Sin embargo, otra orientación perceptiva es "microcéntrica": examinar las partes individuales y, a veces, diminutas que componen el todo. Sin esta "vista de gusano", la ciencia, la tecnología y cualquier empresa compleja no podrían funcionar. Estas actividades requieren atención al detalle, precisión y progresiones ordenadas.

 Los pensadores flexibles muestran confianza en su intuición. Toleran la confusión y la ambigüedad hasta cierto punto, y están dispuestos a dejar ir un problema, confiando en su subconsciente para continuar con el trabajo creativo y productivo en él. La flexibilidad es la cuna del humor, la creatividad y el repertorio.

Pensando en nuestro pensamiento (metacognición) "Cuando la mente está pensando, está hablando consigo misma"

 - Platón

 Ocurriendo en la neocorteza, la metacognición es nuestra capacidad para saber lo que sabemos y lo que no sabemos. Es nuestra capacidad para planificar una estrategia para producir la información que se necesita, ser conscientes de nuestros propios pasos y estrategias durante el acto de resolución de problemas, y reflexionar y evaluar la productividad de nuestro propio pensamiento.

Probablemente, los componentes principales de la metacognición son desarrollar un plan de acción, mantener ese plan en mente durante un período de tiempo, luego reflexionar y evaluar el plan una vez completado. Planear una estrategia antes de emprender un curso de acción nos ayuda a realizar un seguimiento de los pasos en la secuencia durante la duración de la actividad. Facilita la realización de juicios temporales y comparativos, la evaluación de la preparación para más o diferentes actividades y el seguimiento de nuestras interpretaciones, percepciones, decisiones y comportamientos.

La metacognición significa volverse cada vez más consciente de las acciones propias y del efecto de esas acciones en los demás y en el medio ambiente, formarse preguntas internas a medida que uno busca información y significado, desarrollar mapas mentales o planes de acción, ensayar mentalmente antes de la actuación, monitorear esos planes como están empleados. Implica ser consciente de la necesidad de una corrección a mitad de camino si el plan no cumple con las expectativas, reflexionar sobre el plan una vez completada la implementación con el propósito de autoevaluarse y editar imágenes mentales para mejorar el desempeño.

La lucha por la exactitud y la precisión "Un hombre que ha cometido un error y no lo corrige, está cometiendo otro error".

- Confucio

Encarnado en la resistencia, la gracia y la elegancia de una bailarina o un zapatero está el deseo de artesanía, maestría, impecabilidad y economía de energía para producir resultados excepcionales. Las personas que valoran estas cualidades se toman el tiempo para revisar sus productos. Revisan las reglas que deben cumplir; revisan los modelos y visiones que deben seguir; y revisan los criterios que deben emplear y confirman que su producto terminado coincide exactamente con los criterios.

Ser como un artesano significa saber que uno puede perfeccionar continuamente su oficio trabajando para alcanzar los más altos estándares posibles y seguir el aprendizaje continuo para llevar un enfoque de energías similar al láser al cumplimiento de la tarea. Para algunas personas, la artesanía requiere una reelaboración continua. Mario Cuomo, un gran redactor de discursos y político, dijo una vez que sus discursos nunca se terminaban, ¡era solo una fecha límite lo que le hizo dejar de trabajar en ellos!

Cuestionar y plantear problemas "La formulación de un problema es a menudo más esencial que su solución, que puede ser simplemente una cuestión de habilidad matemática o experimental. Plantear nuevas preguntas, nuevas posibilidades, considerar viejos problemas desde un nuevo ángulo, requiere imaginación creativa y marca avances reales ".

- Albert Einstein

Una de las características distintivas entre los humanos y otras formas de vida es nuestra inclinación y capacidad para encontrar problemas que resolver. Los solucionadores de problemas eficaces saben cómo hacer preguntas para llenar los vacíos entre lo que saben y lo que no saben. Los interrogadores eficaces tienden a hacer una variedad de preguntas. Por ejemplo, solicitan datos para respaldar las conclusiones y suposiciones de otros a través de preguntas como, "¿Qué evidencia tiene?"

Plantean preguntas sobre puntos de vista alternativos: "¿Desde el punto de vista de quién estamos viendo, leyendo u oyendo?"

Indagan sobre conexiones y relaciones causales: "¿Cómo se relacionan estas personas / eventos / situaciones entre sí?"

Plantean problemas hipotéticos: "¿Qué crees que pasaría si ...?

Los investigadores reconocen discrepancias y fenómenos en su entorno y sondean sus causas: "¿Por qué ronronean los gatos?", "¿Por qué el pelo de mi cabeza crece tan rápido, mientras que el pelo de mis brazos y piernas crece tan lentamente?", " ¿Cuáles son algunas de las soluciones alternativas a los conflictos internacionales además de las guerras? "

Aplicar conocimientos pasados a situaciones nuevas "Nunca me he equivocado. Solo he aprendido de la experiencia".

- Thomas A. Edison

Los seres humanos inteligentes aprenden de la experiencia. Cuando se enfrentan a un problema nuevo y desconcertante, a menudo extraerán experiencias de su pasado. Se les puede escuchar decir: "Esto me recuerda. . ." o "Este es como el momento en que yo. . ." Recurren a su reserva de conocimientos y experiencia como fuentes de datos para respaldar, teorías para explicar o procesos para resolver cada nuevo desafío. Además, son capaces de abstraer el significado de una experiencia, llevarla a cabo y aplicarla en una situación nueva y novedosa.

Pensar y comunicar con claridad y precisión "No pienso tan fácilmente en palabras. . . después de trabajar duro y haber obtenido resultados perfectamente claros. . . Tengo que traducir mis pensamientos en un idioma que no se corresponde con ellos ".

- Francis Galton

El refinamiento del lenguaje juega un papel fundamental en la mejora de los mapas cognitivos de una persona y su capacidad para pensar críticamente, que es la base de conocimientos para una acción eficaz. Enriquecer la complejidad y la especificidad del lenguaje produce simultáneamente un pensamiento eficaz. El lenguaje y el pensamiento están estrechamente entrelazados. Como las dos caras de una moneda, son inseparables. El lenguaje difuso es un reflejo del pensamiento difuso. Las personas inteligentes se esfuerzan por comunicarse con precisión tanto en forma oral como escrita, teniendo cuidado de utilizar un lenguaje preciso, definir términos, nombres correctos y etiquetas y analogías universales. Se esfuerzan por evitar generalizaciones excesivas, eliminaciones y distorsiones. En cambio, apoyan sus declaraciones con explicaciones, comparaciones, cuantificación y evidencia.

Recopilación de datos a través de todos los sentidos "Observe perpetuamente".

- Henry James

El cerebro es el reduccionista definitivo. Reduce el mundo a sus partes elementales: fotones de luz, moléculas de olor, ondas sonoras, vibraciones del tacto, que envían señales electroquímicas a las células cerebrales individuales que almacenan información sobre líneas, movimientos, colores, olores y otras entradas sensoriales.

Las personas inteligentes saben que toda la información llega al cerebro a través de las vías sensoriales: gustativa, olfativa, táctil, cinestésica, auditiva, visual. La mayor parte del aprendizaje lingüístico, cultural y físico se deriva del entorno observando o asimilando a través de los sentidos. Para conocer un vino hay que beberlo; para conocer un rol hay que actuar; para conocer un juego hay que jugarlo; para conocer un baile hay que moverlo; para conocer una meta hay que imaginarla.

Aquellos cuyas vías sensoriales están abiertas, alertas y agudas absorben más información del medio ambiente que aquellas cuyas vías están marchitas, inmunes y ajenas a los estímulos sensoriales.

Además, estamos aprendiendo más sobre el impacto de las artes y la música en la mejora del funcionamiento mental.

La formación de imágenes mentales es importante en matemáticas e ingeniería; escuchar música clásica parece mejorar el razonamiento espacial.

Los científicos sociales resuelven problemas a través de escenarios y juegos de rol; los científicos construyen modelos; los ingenieros usan cad-cam; los mecánicos aprenden a través de la experimentación práctica; los artistas experimentan con colores y texturas; los músicos aprenden produciendo combinaciones de música instrumental y vocal.

Crear, imaginar e innovar "El futuro no es un lugar al que vayamos, sino uno que estamos creando. Los caminos no se encuentran, sino que se hacen, y la actividad de hacerlos cambia tanto al fabricante como al destino "

- John Schaar

Todos los seres humanos tienen la capacidad de generar productos, soluciones y técnicas novedosos, originales, inteligentes o ingeniosos, si esa capacidad se desarrolla. Los individuos creativos intentan concebir las soluciones a los problemas de manera diferente, examinando posibilidades alternativas desde muchos ángulos.

Tienden a proyectarse en diferentes roles utilizando analogías, comenzando con una visión y trabajando hacia atrás, imaginando que son los objetos que se están considerando. Las personas creativas asumen riesgos y con frecuencia superan los límites de sus límites percibidos.

Están motivados intrínsecamente más que extrínsecamente, y trabajan en la tarea debido al desafío estético más que a las recompensas materiales. Las personas creativas están abiertas a las críticas. Presentan sus productos para que otros los juzguen y busquen comentarios en un esfuerzo cada vez mayor por refinar su técnica.

Responder con asombro "La experiencia más hermosa del mundo es la experiencia de lo misterioso".

- Albert Einstein.

Las personas eficaces no solo tienen una actitud de "yo puedo", sino también un sentimiento de "disfruto". Disfrutan resolviendo cosas por sí mismos y continúan aprendiendo a lo largo de su vida. Encuentran belleza en una puesta de sol, intriga en la geometría de una telaraña y regocijo ante la iridiscencia de las alas de un colibrí. Ven la congruencia y las complejidades en la derivación de una fórmula matemática, reconocen el orden y la destreza de un cambio químico y comulgan con la serenidad de una constelación distante.

Asumir riesgos responsables "Ha habido un riesgo calculado en cada etapa del desarrollo estadounidense: los pioneros que no le tenían miedo a la naturaleza, los empresarios que no le tenían miedo al fracaso, los soñadores que no le tenían miedo a la acción".

- Brooks Atkinson

Las personas flexibles parecen tener un impulso casi incontrolable de ir más allá de los límites establecidos. Les inquieta la comodidad; ellos "viven al borde de su competencia". Parecen obligados a colocarse en situaciones en las que no saben cuál será el resultado. Aceptan la confusión, la incertidumbre y los mayores riesgos de fracaso como parte del proceso normal, y aprenden a ver los reveses como interesantes, desafiantes y que producen crecimiento.

Sin embargo, no se comportan de forma impulsiva. Se educan sus riesgos. Se basan en el conocimiento pasado, son reflexivos sobre las consecuencias y tienen un sentido bien entrenado de lo que es apropiado. ¡Saben que no vale la pena correr todos los riesgos! Solo a través de experiencias repetidas se educa la toma de riesgos. A menudo es un cruce entre la intuición, que se basa en el conocimiento pasado y la sensación de enfrentar nuevos desafíos.

Encontrar el humor "¿Dónde esperan las abejas? En la parada de emergencia ".

- Andrew, seis años

Otro atributo único de los humanos es nuestro sentido del humor. La risa trasciende todas las culturas y épocas. Sus efectos positivos sobre las funciones psicológicas incluyen una disminución en la frecuencia del pulso, la secreción de endorfinas y un aumento de oxígeno en la sangre.

 Se ha descubierto que libera la creatividad y provoca habilidades de pensamiento de alto nivel como la anticipación, la identificación de relaciones nuevas, las imágenes visuales y la analogía. Las personas que se involucran en el misterio del humor tienen la capacidad de percibir situaciones desde un punto de vista original y, a menudo, interesante.

Al tener un estado de ánimo caprichoso, prosperan al encontrar la incongruencia y percibir absurdos, ironías y sátiras; encontrar discontinuidades; y poder reírse de las situaciones y de ellos mismos.

Pensar de manera interdependiente "Cuídense unos a otros. Comparta sus energías con el grupo. Nadie debe sentirse solo, aislado, porque es entonces cuando no lo logras ".

 - Willie Unsoeld

Los humanos somos seres sociales. Nos congregamos en grupos, nos resulta terapéutico que nos escuchen, extraemos energía unos de otros y buscamos la reciprocidad. En grupos, contribuimos con nuestro tiempo y energía a tareas de las que nos cansaríamos rápidamente cuando trabajamos solos. De hecho, hemos aprendido que una de las formas más crueles de castigo que se puede infligir a un individuo es el confinamiento solitario.

Los humanos cooperativos se dan cuenta de que todos juntos somos más poderosos, intelectual y / o físicamente, que cualquier individuo. Probablemente, la disposición más importante en la sociedad postindustrial es la mayor capacidad de pensar en concierto con los demás y de encontrarnos cada vez más interdependientes y sensibles a las necesidades de los demás.

La resolución de problemas se ha vuelto tan compleja que ninguna persona puede hacerlo sola. Nadie tiene acceso a todos los datos necesarios para tomar decisiones críticas; ninguna persona puede considerar tantas alternativas como varias personas.

Aprendiendo continuamente "Insanity sigue haciendo lo mismo una y otra vez y esperando resultados diferentes".

- Albert Einstein

Las personas inteligentes están en un modo de aprendizaje continuo. Su confianza, en combinación con su curiosidad, les permite buscar constantemente nuevas y mejores formas. Las personas con este hábito mental siempre se esfuerzan por mejorar, crecer y aprender. Aprovechan los problemas, situaciones, tensiones, conflictos y circunstancias como oportunidades valiosas para aprender.

Un gran misterio sobre los seres humanos es que enfrentamos las oportunidades de aprendizaje con miedo en lugar de misterio y asombro. Parece que nos sentimos mejor cuando sabemos que cuando aprendemos. Defendemos nuestros prejuicios, creencias y depósitos de conocimiento en lugar de invitar a lo desconocido, lo creativo y lo inspirador. Estar seguros y cerrados nos reconforta, mientras que ser dudosos y abiertos nos da miedo. La forma más elevada de pensar que alguna vez aprenderemos es la humildad de saber que no sabemos.

En resumen

A partir de la investigación sobre la eficacia humana, las descripciones de artistas notables y los análisis de las características de las personas eficaces, hemos presentado descripciones de los 16 hábitos de la mente. Esta lista no pretende ser completa, sino que sirve como punto de partida para una mayor elaboración y descripción.

Estos hábitos mentales pueden servir como disciplinas mentales. Cuando se enfrentan a situaciones problemáticas, los estudiantes, padres y maestros pueden emplear habitualmente uno o más de estos hábitos mentales preguntándose: "¿Qué es lo más inteligente que puedo hacer en este momento?"

Anclajes - Modelos y Metamodelos

Este capítulo es un poco complejo porque te explica las estructuras de las bases de los pensamientos, es decir, cómo y por qué creemos en algo a partir de una imagen modelo.

Aunque la importancia de la arquitectura y el papel del arquitecto en las iniciativas de lo digital en las que vivimos hoy en día en los diferentes dominios e industrias comerciales, los principales vocabularios y terminologías de la arquitectura aún no se comprenden bien debido a definiciones no aceptables y ampliamente utilizadas. las diferentes perspectivas de cada terminología.

En este capítulo me gustaría profundizar en uno de los vocabularios fundamentales en la arquitectura que se encuentran en torno a los modelos y el proceso de modelado, y luego explorar las diferentes perspectivas y definiciones de los mismos. Además, resaltar mis perspectivas y mi acuerdo con los otros autores y arquitectos experimentados. Primero, comencemos con el modelo.

¿Qué es el modelo?

El modelo como sustantivo en el diccionario significa "una cosa que se usa como ejemplo a seguir o imitar"

Es una simple presentación de algo complejo o más grande, que solemos ver, maquetas de dibujos de coches, maquetas de ciudades, maquetas de edificios, maquetas de aviones.

¿Por qué modelamos?

Modelar una estructura o cosa compleja en una copia más simple de la misma tiene grandes beneficios, por ejemplo, los siguientes beneficios:

Comunicar: se usa para describir esa cosa compleja a una audiencia diferente de una manera sencilla, así que en lugar de que cada participante tenga imaginaciones o perspectivas diferentes sobre esa cosa, puedan verla

Retroalimentación: Después de ver el modelo de cosas complejas, que derivará en la discusión en torno a él, por qué se ve así, por qué este componente se coloca aquí, nos perdimos esta preocupación,... etc. Además, esto puede abrir la arquitectura alternativa, diseño, discusiones de modelos.

Falla rápido: si el modelo no representa lo complejo, lo sabrás de inmediato y esto disminuirá el costo de falla

Consenso: todas las partes interesadas tendrán una visualización única o quizás múltiple de lo complejo, esto conducirá a un acuerdo y facilitará la construcción de lo complejo.

De manera similar, el modelo de una empresa, un sistema, una solución, un software, un componente o una clase en un mundo digital es una presentación simple de cómo las cosas complejas se pueden visualizar fácilmente para que diferentes partes interesadas lo entiendan y se pongan de acuerdo sobre cómo estará estructurado. Además, el buen modelo debe cumplir su propósito, comprensible, inequívoco, simple y consistente.

Principios de Persuasión

Al tomar una decisión, sería bueno pensar que la gente considera toda la información disponible para poder orientar su pensamiento. Pero la realidad es muy a menudo diferente. En las vidas cada vez más sobrecargadas que llevamos, más que nunca necesitamos atajos o reglas prácticas para guiar nuestra toma de decisiones.

* Reciprocidad

* Escasez

* Autoridad

* Consistencia

* Gusto

* Consenso

Reciprocidad.

En pocas palabras, las personas están obligadas a devolver a otros la forma de comportamiento, obsequio o servicio que recibieron primero.

Si un amigo te invita a su fiesta, tienes la obligación de invitarlo a una futura fiesta que estés organizando. Si un colega le hace un favor, entonces le debe un favor a ese colega. Y en el contexto de una obligación social, es más probable que las personas digan que sí a quienes les deben.

Una de las mejores demostraciones del Principio de Reciprocidad proviene de una serie de estudios realizados en restaurantes. Por lo tanto, la última vez que visitó un restaurante, es muy probable que el camarero o la camarera le hayan dado un regalo. Probablemente al mismo tiempo que traen tu factura. Un licor, quizás, o una galleta de la fortuna, o quizás una simple menta.

Entonces aquí está la pregunta. ¿El dar una menta tiene alguna influencia sobre la propina que les vas a dejar? La mayoría de la gente dirá que no. Pero esa menta puede marcar una diferencia sorprendente. En el estudio, dar a los comensales una sola menta al final de la comida generalmente aumentaba las propinas en alrededor de un 3%.

Curiosamente, si el regalo se duplica y se proporcionan dos mentas, las propinas no se duplican. Se cuadriplican: un aumento del 14% en las propinas. Pero quizás lo más interesante de todo es el hecho de que si el camarero ofrece una menta, comienza a alejarse de la mesa, pero hace una pausa, se da la vuelta y dice: "Para ustedes, gente amable, aquí hay una menta extra", los consejos se disparan. . Un aumento del 23%, influenciado no por lo que se dio, sino por cómo se dio.

Entonces, la clave para usar el Principio de Reciprocidad es ser el primero en dar y asegurarse de que lo que da sea personalizado e inesperado.

Autoridad.

Esta es la idea de que las personas sigan el ejemplo de expertos creíbles y conocedores.

Los fisioterapeutas, por ejemplo, pueden persuadir a más pacientes para que cumplan con los programas de ejercicio recomendados si exhiben sus diplomas médicos en las paredes de sus consultorios. Es más probable que la gente dé cambio por un parquímetro a un completo extraño si ese solicitante usa un uniforme en lugar de ropa informal.

Lo que la ciencia nos dice es que es importante señalar a los demás lo que te convierte en una autoridad creíble y con conocimientos antes de hacer tu intento de influencia. Por supuesto, esto puede presentar problemas; Difícilmente puede decirle a los clientes potenciales lo brillante que es, pero ciertamente puede hacer arreglos para que alguien lo haga por usted. Y sorprendentemente, la ciencia nos dice que no parece importar si la persona que te presenta no solo está conectada contigo, sino que también es probable que prospere con la presentación.

Un grupo de agentes inmobiliarios pudo aumentar tanto el número de tasaciones de propiedad como el número de contratos posteriores que redactaron al hacer arreglos para que el personal de recepción que respondía las consultas de los clientes mencionara primero las credenciales y la experiencia de sus colegas.

Entonces, a los clientes interesados en alquilar una propiedad se les dijo "¿Alquileres? Permítame conectarlo con Sandra, quien tiene más de 15 años de experiencia alquilando propiedades en esta área ". A los clientes que querían más información sobre la venta de propiedades se les dijo: "Habla con Peter, nuestro jefe de ventas. Tiene más de 20 años de experiencia en la venta de propiedades. Te haré pasar ahora ".

 El impacto de esta introducción de expertos llevó a un aumento del 20% en el número de nombramientos y un aumento del 15% en el número de contratos firmados. Nada mal para un pequeño cambio en la forma de la ciencia de la persuasión que fue ético y gratuito de implementar.

Consistencia.

 A las personas les gusta ser coherentes con las cosas que han dicho o hecho anteriormente.

 La coherencia se activa al buscar y pedir pequeños compromisos iniciales que se puedan hacer. En un famoso conjunto de estudios, los investigadores encontraron, como era de esperar, que muy pocas personas estarían dispuestas a erigir una tabla de madera antiestética en el jardín de su casa para apoyar una campaña Drive Safely en su vecindario.

Sin embargo, en un vecindario similar cercano, cuatro veces más propietarios indicaron que estarían dispuestos a erigir esta desagradable valla publicitaria. ¿Por qué? Porque diez días antes, habían acordado colocar una pequeña postal en la ventana principal de sus casas que indicaba su apoyo a la campaña Conduzca con seguridad. Esa pequeña tarjeta fue el compromiso inicial que llevó a un aumento del 400% en un cambio mucho más grande pero constante.

Entonces, cuando busca influir utilizando el principio de coherencia, el detective de influencia busca compromisos voluntarios, activos y públicos e idealmente obtiene esos compromisos por escrito.

Por ejemplo, un estudio reciente redujo las citas perdidas en los centros de salud en un 18% simplemente pidiendo a los pacientes en lugar del personal que escribieran los detalles de las citas en la tarjeta de citas futuras.

Gusto.

La gente prefiere decir que sí a los que le gustan.

Pero, ¿qué hace que a una persona le guste otra? La ciencia de la persuasión nos dice que hay tres factores importantes.

Nos gustan las personas que son similares a nosotros, nos gustan las personas que nos hacen cumplidos y nos gustan las personas que cooperan con nosotros para lograr objetivos mutuos.

A medida que más y más interacciones que tenemos tienen lugar en línea, podría valer la pena preguntarse si estos factores se pueden emplear de manera efectiva en, digamos, negociaciones en línea.

En una serie de estudios de negociación realizados entre estudiantes de MBA en dos reconocidas escuelas de negocios, a algunos grupos se les dijo: "El tiempo es dinero. Vaya directamente al grano ". En este grupo, alrededor del 55% pudo llegar a un acuerdo.

Sin embargo, a un segundo grupo se le dijo: "Antes de comenzar a negociar, intercambien información personal entre ellos. Identifique una similitud que tenga en común y luego comience a negociar ". En este grupo, el 90% de ellos pudieron llegar a resultados satisfactorios y agradables que normalmente valían un 18% más para ambas partes.

Entonces, para aprovechar este poderoso principio de agrado, asegúrese de buscar áreas de similitud que comparta con otros y cumplidos genuinos que pueda dar antes de comenzar a trabajar.

Teorías de la persuasión

Comprender cómo se persuade a la gente es muy importante para la discusión sobre hablar en público. Afortunadamente, varios investigadores han creado teorías que ayudan a explicar por qué la gente está persuadida. Si bien existen numerosas teorías que ayudan a explicar la persuasión, solo vamos a examinar tres aquí: la teoría del juicio social, la teoría de la disonancia cognitiva y el modelo de probabilidad de elaboración.

Teoría del juicio social

Muzafer Sherif y Carl Hovland (1980) crearon la teoría del juicio social que intenta determinar qué tipos de mensajes comunicativos y bajo qué condiciones los mensajes comunicados conducirán a un cambio en el comportamiento de alguien comparándolo con las actitudes actuales. En esencia, Sherif y Hovland encontraron que las percepciones de las personas sobre las actitudes, valores, creencias y comportamientos existen en un continuo que incluye la latitud del rechazo, la latitud del no compromiso y la latitud de aceptación.

Sherif y Hovland descubrieron que los mensajes persuasivos tenían más probabilidades de tener éxito cuando caían en la libertad de aceptación de un individuo. Por ejemplo, si está dando su discurso sobre la especialización en un idioma extranjero, es más probable que las personas que están a favor de especializarse en un idioma extranjero evalúen positivamente su mensaje, asimilen sus consejos en sus propias ideas y adopten el comportamiento deseado. Por otro lado, es más probable que las personas que rechacen su mensaje evalúen negativamente su mensaje, no asimilen sus consejos y no adopten el comportamiento deseado.

En un mundo ideal, siempre estaríamos persuadiendo a las personas que están de acuerdo con nuestras opiniones, pero esa no es la realidad. En cambio, a menudo nos encontramos en situaciones en las que intentamos persuadir a otros de actitudes, valores, creencias y comportamientos con los que pueden no estar de acuerdo. Para ayudarnos a persuadir a los demás, lo que tenemos que pensar es la gama de posibles actitudes, valores, creencias y comportamientos que existen. Por ejemplo, en un escenario de idioma extranjero donde se persuade a los estudiantes para que se especialicen en esta especialidad, podemos ver las siguientes opiniones posibles de los miembros de nuestra audiencia:

Acuerdo completo. Estudiemos todos los idiomas extranjeros.

Acuerdo fuerte. No me especializaré en un idioma extranjero, pero me especializaré en un idioma extranjero.

Acuerdo en parte. No me especializaré en un idioma extranjero, pero sí en un idioma extranjero.

Neutral. Si bien creo que estudiar un idioma extranjero puede valer la pena, también creo que una educación universitaria puede ser completa sin él. Realmente no me siento fuertemente de una forma u otra.

Desacuerdo en parte. Solo tomaré las clases de idiomas extranjeros requeridas por mi especialidad.

Fuerte desacuerdo. No creo que deba tener que tomar clases de idiomas extranjeros.

Total desacuerdo. Estudiar un idioma extranjero es una completa pérdida de la educación universitaria.

Estas siete posibles opiniones sobre el tema no representan el espectro completo de opciones, pero nos dan varios grados de acuerdo con el tema general. Entonces, ¿qué tiene esto que ver con la persuasión? Bueno, nos alegra que lo preguntes. Sherif y Hovland teorizaron que la persuasión era una cuestión de saber cuán grande era la discrepancia o diferencia entre el punto de vista del hablante y el de la audiencia. Si el punto de vista del hablante era similar al de los miembros de la audiencia, entonces la persuasión era más probable. Si la discrepancia entre la idea propuesta por el orador y el punto de vista de la audiencia es demasiado grande, la probabilidad de persuasión disminuye drásticamente.

Teoría de la disonancia cognitiva

En 1957, Leon Festinger propuso otra teoría para comprender cómo funciona la persuasión. La teoría de la disonancia cognitiva es un estado motivacional aversivo que ocurre cuando un individuo tiene dos o más actitudes, valores, creencias o comportamientos contradictorios simultáneamente. Por ejemplo, tal vez sepa que debería estar trabajando en su discurso, pero realmente desea ir al cine con un amigo. En este caso, practicar tu discurso e ir al cine son dos cogniciones que son incompatibles entre sí. El objetivo de la persuasión es inducir suficiente disonancia en los oyentes para que cambien sus actitudes, valores, creencias o comportamientos. Frymier y Nadler (2013) señalaron que para que la disonancia cognitiva funcione de manera eficaz hay tres condiciones necesarias: consecuencias aversivas, libertad de elección y justificación externa insuficiente.

Primero, para que la disonancia cognitiva funcione, es necesario que haya una consecuencia o castigo aversivo suficientemente fuerte por no cambiar las actitudes, valores, creencias o comportamientos de uno. Por ejemplo, tal vez esté dando un discurso sobre por qué la gente necesita comer más manzanas. Si su consecuencia aversiva por no comer manzanas es que su audiencia no obtendrá suficiente fibra, la mayoría de la gente simplemente no se dejará persuadir porque el castigo no es lo suficientemente severo. En cambio, para que la disonancia cognitiva funcione, el castigo asociado con no comer manzanas debe ser lo suficientemente significativo como para cambiar los comportamientos. Si convence a su audiencia de que sin suficiente fibra en sus dietas corren un mayor riesgo de enfermedad cardíaca o cáncer de colon, es posible que teman las consecuencias aversivas lo suficiente como para cambiar su comportamiento.

La segunda condición necesaria para que funcione la disonancia cognitiva es que las personas deben tener libertad de elección. Si los oyentes sienten que están siendo obligados a hacer algo, no se despertará la disonancia. Pueden alterar su comportamiento a corto plazo, pero tan pronto como desaparezca la coerción, el comportamiento original resurgirá. Es como la persona que conduce más despacio cuando hay un oficial de policía cerca, pero ignora los límites de velocidad una vez que los oficiales ya no están presentes. Como orador, si desea aumentar la disonancia cognitiva, debe asegurarse de que su audiencia no se sienta coaccionada o manipulada, sino que pueda ver claramente que tiene la opción de ser persuadido.

La condición final necesaria para que funcione la disonancia cognitiva tiene que ver con las justificaciones externas e internas. La justificación externa se refiere al proceso de identificar razones fuera del propio control para respaldar el comportamiento, las creencias y las actitudes de uno. La justificación interna ocurre cuando alguien cambia voluntariamente un comportamiento, creencia o actitud para reducir la disonancia cognitiva. Cuando se trata de crear un cambio a través de la persuasión, es menos probable que las justificaciones externas produzcan cambios que las internas.

La Comunicación exitosa (efectiva) sus reglas y fundamentos

La comunicación es la base de todo proceso de persuasión, así como también es clave en cualquier proceso de PNL. En este capítulo te diré todo lo que necesitas saber sobre ello.

¿Quiere comunicarse mejor? Estos consejos lo ayudarán a evitar malentendidos, comprender el significado real de lo que se está comunicando y mejorar en gran medida su trabajo y sus relaciones personales.

¿Qué es la comunicación eficaz?

La comunicación efectiva es más que solo intercambiar información. Se trata de comprender la emoción y las intenciones detrás de la información. Además de poder transmitir claramente un mensaje, también debe escuchar de una manera que obtenga el significado completo de lo que se dice y haga que la otra persona se sienta escuchada y comprendida.

La comunicación eficaz parece que debería ser instintiva. Pero con demasiada frecuencia, cuando intentamos comunicarnos con los demás, algo se extravía. Decimos una cosa, la otra persona oye otra, y surgen malentendidos, frustración y conflictos. Esto puede causar problemas en las relaciones de su hogar, escuela y trabajo.

Para muchos de nosotros, comunicarse de manera más clara y eficaz requiere aprender algunas habilidades importantes. Ya sea que esté tratando de mejorar la comunicación con su cónyuge, hijos, jefe o compañeros de trabajo, aprender estas habilidades puede profundizar sus conexiones con los demás, generar una mayor confianza y respeto, y mejorar el trabajo en equipo, la resolución de problemas y su salud social y emocional en general.

¿Qué le impide comunicarse de forma eficaz?

Las barreras comunes para la comunicación efectiva incluyen:

Estrés y emoción fuera de control. Cuando estás estresado o abrumado emocionalmente, es más probable que malinterpretes a otras personas, envíes señales no verbales confusas o desagradables y caigas en patrones de comportamiento instintivos y poco saludables. Para evitar conflictos y malentendidos, puede aprender a calmarse rápidamente antes de continuar una conversación.

Falta de concentración. No puede comunicarse de manera eficaz cuando realiza múltiples tareas. Si está revisando su teléfono, planeando lo que va a decir a continuación o soñando despierto, es casi seguro que se perderá las señales no verbales en la conversación. Para comunicarse de manera efectiva, debe evitar distracciones y mantenerse concentrado.

Lenguaje corporal inconsistente. La comunicación no verbal debe reforzar lo que se dice, no contradecirlo. Si dices una cosa, pero tu lenguaje corporal dice algo más, es probable que tu oyente sienta que estás siendo deshonesto. Por ejemplo, no puede decir "sí" mientras niega con la cabeza.

Lenguaje corporal negativo. Si no está de acuerdo con lo que se dice o no le gusta, puede usar un lenguaje corporal negativo para rechazar el mensaje de la otra persona, como cruzar los brazos, evitar el contacto visual o dar golpecitos con los pies. No es necesario que esté de acuerdo con lo que se dice ni que le guste, pero para comunicarse de manera eficaz y no poner a la otra persona a la defensiva, es importante evitar enviar señales negativas.

Habilidad de comunicación efectiva 1: convertirse en un oyente comprometido

Cuando nos comunicamos con los demás, a menudo nos centramos en lo que debemos decir. Sin embargo, la comunicación eficaz se trata menos de hablar y más de escuchar. Escuchar bien significa no solo comprender las palabras o la información que se comunica, sino también comprender las emociones que el hablante está tratando de transmitir.

Hay una gran diferencia entre escuchar comprometido y simplemente escuchar. Cuando escuche realmente, cuando esté comprometido con lo que se dice, oirá las entonaciones sutiles en la voz de alguien que le dicen cómo se siente esa persona y las emociones que está tratando de comunicar. Cuando usted es un oyente comprometido, no solo comprenderá mejor a la otra persona, sino que también hará que esa persona se sienta escuchada y comprendida, lo que puede ayudar a construir una conexión más fuerte y profunda entre ustedes.

 Al comunicarse de esta manera, también experimentará un proceso que reduce el estrés y apoya el bienestar físico y emocional. Si la persona con la que estás hablando está tranquila, por ejemplo, escuchar de manera comprometida también te ayudará a calmarte. Del mismo modo, si la persona está agitada, puede ayudar a calmarla escuchando con atención y haciendo que la persona se sienta comprendida.

Si su objetivo es comprender completamente y conectarse con la otra persona, escuchar de manera comprometida a menudo será algo natural. Si no es así, pruebe los siguientes consejos. Cuanto más los practique, más satisfactorias y gratificantes serán sus interacciones con los demás.

Concéntrese completamente en el hablante. No puedes escuchar de manera comprometida si constantemente revisas tu teléfono o piensas en otra cosa. Debes concentrarte en la experiencia de momento a momento para poder captar los matices sutiles y las señales no verbales importantes en una conversación. Si le resulta difícil concentrarse en algunos oradores, intente repetir sus palabras en su cabeza; esto reforzará su mensaje y lo ayudará a mantenerse concentrado.

Favorece tu oído derecho. Por extraño que parezca, el lado izquierdo del cerebro contiene los centros de procesamiento primarios tanto para la comprensión del habla como para las emociones. Dado que el lado izquierdo del cerebro está conectado con el lado derecho del cuerpo, favorecer su oído derecho puede ayudarlo a detectar mejor los matices emocionales de lo que alguien está diciendo.

Evite interrumpir o intentar redirigir la conversación a sus preocupaciones. Al decir algo como "Si crees que eso es malo, déjame contarte lo que me pasó". Escuchar no es lo mismo que esperar tu turno para hablar. No puedes concentrarte en lo que dice alguien si estás formando lo que vas a decir a continuación. A menudo, el hablante puede leer sus expresiones faciales y saber que su mente está en otra parte.

Muestre su interés en lo que se dice. Asiente de vez en cuando, sonríe a la persona y asegúrate de que tu postura sea abierta y acogedora. Anime al orador a continuar con pequeños comentarios verbales como "sí" o "uh huh".

Trate de dejar de lado el juicio. Para comunicarse de manera eficaz con alguien, no es necesario que le guste ni esté de acuerdo con sus ideas, valores u opiniones. Sin embargo, es necesario que deje de lado su juicio y no culpe ni critique a fin de comprenderlos completamente. La comunicación más difícil, cuando se ejecuta con éxito, a menudo puede conducir a una conexión poco probable con alguien.

Suministre realimentación. Si parece haber una desconexión, refleje lo que se ha dicho parafraseando. "Lo que estoy escuchando es" o "Parece que estás diciendo" son excelentes formas de reflexionar. Sin embargo, no se limite a repetir lo que el orador ha dicho palabra por palabra: sonará poco sincero o poco inteligente. En su lugar, exprese lo que las palabras del hablante significan para usted. Haga preguntas para aclarar ciertos puntos: "¿Qué quiere decir cuando dice ..." o "¿Es esto lo que quiere decir?"

Escucha la emoción detrás de las palabras

Son las frecuencias más altas del habla humana las que transmiten emoción. Puede sintonizarse más con estas frecuencias y, por lo tanto, comprender mejor lo que los demás están diciendo realmente, ejercitando los diminutos músculos del oído medio (el más pequeño del cuerpo). Puede hacerlo cantando, tocando un instrumento de viento o escuchando ciertos tipos de música de alta frecuencia (una sinfonía de Mozart o un concierto para violín, por ejemplo, en lugar de rock, pop o hip-hop de baja frecuencia).

Habilidad 2: prestar atención a las señales no verbales

La forma en que miras, escuchas, te mueves y reaccionas ante otra persona les dice más sobre cómo te sientes que las palabras solas. La comunicación no verbal o lenguaje corporal incluye expresiones faciales, movimientos y gestos corporales, contacto visual, postura, el tono de su voz e incluso la tensión muscular y la respiración.

Desarrollar la capacidad de comprender y usar la comunicación no verbal puede ayudarlo a conectarse con los demás, expresar lo que realmente quiere decir, navegar situaciones desafiantes y construir mejores relaciones en el hogar y el trabajo.

Puede mejorar la comunicación eficaz utilizando un lenguaje corporal abierto: los brazos sin cruzar, de pie con una postura abierta o sentado en el borde de su asiento y manteniendo el contacto visual con la persona con la que está hablando.

También puede utilizar el lenguaje corporal para enfatizar o realzar su mensaje verbal, por ejemplo, dándole palmaditas en la espalda a un amigo mientras lo felicita por su éxito, o golpeando los puños para subrayar su mensaje.

Sea consciente de las diferencias individuales. Las personas de diferentes países y culturas tienden a utilizar diferentes gestos de comunicación no verbal, por lo que es importante tener en

cuenta la edad, la cultura, la religión, el género y el estado emocional al leer las señales del lenguaje corporal. Un adolescente estadounidense, una viuda afligida y un hombre de negocios asiático, por ejemplo, es probable que utilicen las señales no verbales de manera diferente.

Observen las señales de comunicación no verbal como grupo. No lea demasiado en un solo gesto o señal no verbal. Considere todas las señales no verbales que recibe, desde el contacto visual hasta el tono de voz y el lenguaje corporal. Cualquiera puede cometer un desliz de vez en cuando y dejar pasar el contacto visual, por ejemplo, o cruzar brevemente los brazos sin querer. Considere las señales como un todo para obtener una mejor "lectura" de una persona.

Mejore la forma en que ofrece la comunicación no verbal

Utilice señales no verbales que coincidan con sus palabras en lugar de contradecirlas. Si dices una cosa, pero tu lenguaje corporal dice otra, tu oyente se sentirá confundido o sospechará que estás siendo deshonesto. Por ejemplo, sentarse con los brazos cruzados y sacudir la cabeza no coincide con las palabras que le dicen a la otra persona que está de acuerdo con lo que está diciendo.

 Ajuste sus señales no verbales de acuerdo con el contexto. El tono de su voz, por ejemplo, debe ser diferente cuando se dirige a un niño que cuando se dirige a un grupo de adultos. De manera similar, tenga en cuenta el estado emocional y los antecedentes culturales de la persona con la que está interactuando.

Evite el lenguaje corporal negativo. En su lugar, use el lenguaje corporal para transmitir sentimientos positivos, incluso cuando en realidad no los esté experimentando. Si está nervioso por una situación (una entrevista de trabajo, una presentación importante o una primera cita, por ejemplo), puede usar un lenguaje corporal positivo para indicar confianza, aunque no lo sienta.

En lugar de entrar tentativamente en una habitación con la cabeza gacha, los ojos desviados y deslizarse en una silla, intente pararse erguido con los hombros hacia atrás, sonriendo y manteniendo el contacto visual y dando un firme apretón de manos. Te hará sentir más seguro de ti mismo y ayudará a que la otra persona se sienta cómoda.

Habilidad 3: Controle el estrés

¿Cuántas veces se ha sentido estresado durante un desacuerdo con su cónyuge, hijos, jefe, amigos o compañeros de trabajo y luego dijo o hizo algo de lo que luego se arrepintió? Si puede aliviar rápidamente el estrés y volver a un estado de calma, no solo evitará esos arrepentimientos, sino que en muchos casos también ayudará a calmar a la otra persona. Solo cuando esté en un estado de calma y relajación podrá saber si la situación requiere una respuesta o si las señales de la otra persona indican que sería mejor permanecer en silencio.

En situaciones como una entrevista de trabajo, una presentación de negocios, una reunión de alta presión o una presentación a la familia de un ser querido, por ejemplo, es importante controlar sus emociones, pensar con rapidez y comunicarse de manera efectiva bajo presión.

 Comunicarse eficazmente manteniendo la calma bajo presión

Utilice tácticas dilatorias para darse tiempo para pensar. Pida que se repita una pregunta o que se aclare una declaración antes de responder.

Haga una pausa para ordenar sus pensamientos. El silencio no es necesariamente algo malo: hacer una pausa puede hacer que parezca que tiene más control que apresurar su respuesta.

 Señale un punto y proporcione un ejemplo o información de apoyo. Si su respuesta es demasiado larga o duda sobre varios puntos, corre el riesgo de perder el interés del oyente. Siga un punto con un ejemplo y luego evalúe la reacción del oyente para decir si debe hacer un segundo punto.

Transmita sus palabras con claridad. En muchos casos, cómo dices algo puede ser tan importante como lo que dices. Habla claramente, mantén un tono uniforme y haz contacto visual. Mantenga su lenguaje corporal relajado y abierto.

Termine con un resumen y luego deténgase. Resuma su respuesta y luego deje de hablar, incluso si deja un silencio en la habitación. No tienes que llenar el silencio al continuar hablando.

Alivio rápido del estrés para una comunicación eficaz

Cuando una conversación comienza a calentarse, necesita algo rápido e inmediato para reducir la intensidad emocional. Al aprender a reducir rápidamente el estrés en el momento, puede hacer un balance de cualquier emoción fuerte que esté experimentando, regular sus sentimientos y comportarse de manera apropiada.

Reconoce cuándo te estás estresando. Su cuerpo le permitirá saber si está estresado mientras se comunica. ¿Tiene los músculos o el estómago tensos? ¿Tienes las manos apretadas? ¿Tu respiración es superficial? ¿Te estás "olvidando" de respirar?

Tómese un momento para calmarse antes de decidir continuar una conversación o posponerla.

Traiga sus sentidos al rescate. La mejor manera de aliviar el estrés de manera rápida y confiable es a través de los sentidos: vista, oído, tacto, gusto, olfato o movimiento. Por ejemplo, podría meterse una menta en la boca, apretar una bola antiestrés en su bolsillo, respirar profundamente, contraer y relajar los músculos, o simplemente recordar una imagen relajante y rica en sensaciones. Cada persona responde de manera diferente a la información sensorial, por lo que necesita encontrar un mecanismo de afrontamiento que lo calme.

Busque humor en la situación. Cuando se usa adecuadamente, el humor es una excelente manera de aliviar el estrés al comunicarse. Cuando usted o quienes le rodean empiecen a tomarse las cosas demasiado en serio, encuentre una manera de mejorar el estado de ánimo compartiendo un chiste o una historia divertida.

Esté dispuesto a comprometerse. A veces, si ambos pueden doblarse un poco, podrán encontrar un término medio feliz que reduzca los niveles de estrés para todos los involucrados. Si se da cuenta de que la otra persona se preocupa mucho más por un problema que usted, el compromiso puede ser más fácil para usted y una buena inversión para el futuro de la relación.

Acepte estar en desacuerdo, si es necesario, y tómese un tiempo lejos de la situación para que todos puedan calmarse. Si es posible, sal a dar un paseo o pasa unos minutos meditando. El movimiento físico o encontrar un lugar tranquilo para recuperar el equilibrio pueden reducir rápidamente el estrés.

Habilidad 4: Aférrate a ti mismo

La expresión directa y asertiva permite una comunicación clara y puede ayudarlo a mejorar su autoestima y sus habilidades para tomar decisiones. Ser asertivo significa expresar sus pensamientos, sentimientos y necesidades de una manera abierta y honesta, mientras se defiende y respeta a los demás. NO significa ser hostil, agresivo o exigente. La comunicación efectiva siempre se trata de comprender a la otra persona, no de ganar una discusión o imponer sus opiniones a los demás.

Para mejorar su asertividad:

Valórese a sí mismo y sus opciones. Son tan importantes como los de cualquier otra persona.

Conozca sus necesidades y deseos. Aprenda a expresarlos sin infringir los derechos de los demás.

Expresa pensamientos negativos de manera positiva. Está bien estar enojado, pero también debes ser respetuoso.

Reciba comentarios positivos. Acepte los cumplidos con amabilidad, aprenda de sus errores, pida ayuda cuando sea necesario.

Aprende a decir no." Conoce tus límites y no dejes que otros se aprovechen de ti. Busque alternativas para que todos se sientan bien con el resultado.

La aserción empática transmite sensibilidad a la otra persona. Primero, reconozca la situación o los sentimientos de la otra persona, luego exprese sus necesidades u opinión. "Sé que has estado muy ocupado en el trabajo, pero quiero que también te hagas tiempo para nosotros".

La afirmación escalonada se puede emplear cuando sus primeros intentos no tienen éxito. Se vuelve cada vez más firme a medida que pasa el tiempo, lo que puede incluir la descripción de las consecuencias si no se satisfacen sus necesidades. Por ejemplo, "Si no cumple con el contrato, me veré obligado a emprender acciones legales".

Centrémonos en escuchar

La buena comunicación implica dos cosas, escuchar y hablar, y hay cinco reglas de oro para cada una.

Esto suena bastante básico, pero muchas personas olvidan que una buena comunicación implica tanto escuchar como hablar.

Incluso se podría argumentar que escuchar es el más importante de los dos: ¿Cómo puede saber qué decir a menos que sepa primero lo que su audiencia quiere o necesita o puede escuchar?

5 reglas para escuchar bien

1. Sea cálido y atento

La gente tiene una idea instintiva de quién quiere escuchar y quién no. Puede que hayas notado que la mayoría de las personas no se hablan realmente, sino que se hablan entre sí. Sus conversaciones pueden parafrasearse como "Yo, yo, yo", seguido de la inevitable respuesta de "¡No, yo, yo, yo!"

Escuchar realmente a alguien es un regalo raro y precioso.

No subestimes su poder

2. Demuestre que está escuchando

La comunicación es un proceso dinámico e interactivo. A menos que demuestre que está escuchando, las personas perderán la confianza en lo que sea que estén diciendo, pensarán que no está interesado y se detendrán. Te perderás todas las partes realmente importantes o jugosas que las personas solo revelan una vez que se encuentran en su zona de confort.

Entonces, ¿cómo demuestras que estás escuchando? Algunas estrategias comunes y útiles incluyen adoptar una postura de cuerpo abierto, hacer contacto visual reactivo, asentir con la cabeza, hacer eco o reflexionar y comprobar. "¿Te trató mal? ¿De qué manera?

3. Verificar comprensión

Demuestre que está en la misma longitud de onda, que realmente está "entendiendo" lo que se dice e incluso, a menudo, lo que no se dice, sino que se intenta decir.

Interactúe con el material, haga preguntas, brinde retroalimentación, empatice con las emociones.

4. Sea lento para juzgar. La mejor manera de evitar que alguien se revele a sí mismo es juzgarlo o incluso parecerlo. A veces es importante no estar de acuerdo con algo u otro, y algunas personas pueden agradecerle que lo haga. Pero incluso entonces, hay formas de hacerlo, como hacer una pregunta o hacer una broma.

5. Use el silencio de manera apropiada

Las conversaciones que no usan el silencio son un trabajo duro, y la conversación interminable rara vez es la mejor respuesta, una forma de ataque o defensa en lugar de cooperación. Algunas cosas son tan sutiles, importantes o impactantes que la respuesta más adecuada solo puede ser un silencio de agradecimiento o comprensión. El silencio también muestra aceptación y crea intimidad.

El silencio, dijo Lao Tse, es una fuente de gran fuerza.

5 reglas para hablar bien

1. Transmitir mensajes de manera clara y eficaz

Esto debería ser evidente. Si va a decir algo, debe ser lo más claro y conciso posible. Si las personas tienen la sensación de que usted o su mensaje están confundidos o que solo está usando una pequeña charla para llenar el tiempo, pueden desconectarse. También pueden etiquetarlo como una pérdida de tiempo y evitar su compañía. La clave aquí es asegurarse de tener algo que decir antes de abrir la boca. Si no, haz bromas o, si es británico, habla con ironía.

2. Utilice un lenguaje claro y sin ambigüedades

Evite oraciones largas, complejas o llenas de jerga, y mantenga su mensaje lo más claro, simple y directo posible. En particular, las expresiones vacías como 'mejores prácticas', 'competencias centrales', 'basadas en evidencia', 'transformación digital' y 'avanzar' son tan pretenciosas como vacías, y están casi diseñadas para que parezca un mono corporativo sin cerebro y sin alma.

3. Utilice métodos de comunicación no verbales

Respalde y mejore su mensaje con señales no verbales como un diagrama, utilería, presentación en powerpoint, video o simplemente moviéndose de maneras inesperadas como lo hace la gente en las charlas TED. Su mensaje es mucho más fuerte si se transmite a través de varios canales diferentes. Tanto mejor si también puedes tocar las emociones con un buen chiste o una historia interesante.

4. Usa la repetición

Si se les proporciona una lista, las personas recuerdan mejor el primer elemento (efecto de primacía) y el último elemento (efecto de actualidad) de la lista. Por lo tanto, si algo es particularmente importante, dígalo dos veces: una al principio y otra al final. Si un concepto es particularmente difícil o desagradable, puede valer la pena desarrollarlo durante un período de tiempo y luego repetirlo hasta que se haya entendido y, de manera crucial, aceptado.

5. Verificar comprensión

Si de nuevo. Después de pasar por un concepto complejo o difícil, asegúrese de que haya entendido el concepto antes de continuar o irse. Al hacer que su (s) interlocutor (es) lidien con el concepto y lo traduzcan en sus propias palabras, no solo verifica la comprensión, sino que también refuerza el aprendizaje y la memorización, y se enseña a sí mismo a enseñar.

Modelos de lenguaje

Este capítulo trata sobre los modelos lingüísticos aprendidos estadísticamente (ML): qué son, cómo se evalúan y cómo se aprenden. El modelado de lenguaje por sí solo no tiene un uso práctico directo, pero es un componente crucial en aplicaciones del mundo real como la traducción automática y el reconocimiento automático de voz. Un sistema de traducción puede generar múltiples traducciones de la misma oración de destino y los modelos de lenguaje puntúan todas las oraciones para elegir la que sea más probable.

Medición de desempeño

¿Cómo mediría el rendimiento de este modelo? La métrica intrínseca más común es la perplejidad. La perplejidad mide qué tan confuso está el modelo de lenguaje al predecir la siguiente palabra en una secuencia invisible de palabras. En el blog de Ravi Charan hay una buena descripción general de la perplejidad de nivel intermedio.

Pero, para la mayoría de los propósitos prácticos, las medidas extrínsecas son más útiles. Una medida extrínseca de un LM es la precisión de la tarea subyacente que utiliza el LM. Por ejemplo, la puntuación BLEU de una tarea de traducción que utilizó el modelo de lenguaje dado.

La perplejidad es una métrica específica del corpus. Podemos comparar la perplejidad de dos LM solo si la métrica se calcula en el mismo corpus. Las mejoras de la perplejidad no garantizan mejoras en la métrica extrínseca como la puntuación BLEU.

Construyendo un modelo de lenguaje

Los modelos de lenguaje comienzan con una suposición de Markov. Esta es una suposición simplificadora de que la k + 1ª palabra depende de las k palabras anteriores. Una suposición de segundo orden da como resultado un modelo Bigram. Los modelos se entrenan usando estimaciones de máxima verosimilitud (MLE) de un corpus existente. Entonces, el enfoque MLE es simplemente una fracción del trabajo.

Existen algunas ventajas de utilizar modelos de lenguaje tradicionales de n-gramas. Son fáciles de entrenar en un corpus grande.

Sin embargo, tienen algunas desventajas.

Probabilidades cero: Si tenemos un modelo de lenguaje de tres gramas que condiciona dos palabras y tiene un vocabulario de 10,000 palabras. Tenemos 10^{12} trillizos. Si nuestros datos de entrenamiento tienen 10^{10} palabras, hay muchos triples que nunca se observarán en los datos de entrenamiento y, por lo tanto, el MLE básico asignará probabilidades cero a esos eventos. Y una probabilidad cero se traduce en una perplejidad infinita. Para superar este problema, se han desarrollado muchas técnicas bajo la familia de técnicas de suavizado. En este artículo se presenta una buena descripción general de estas técnicas.

Crecimiento exponencial: el segundo desafío es que el número de n-gramos crece como un enésimo exponente del tamaño del vocabulario. Un vocabulario de 10,000 palabras tendrá 10^{12} tri-gramos y un vocabulario de 100,000 palabras tendrá 10^{15} trigrams.

Generalización: el último problema con las técnicas MLE es la falta de generalización. Si el modelo ve el término "caballo blanco" en los datos de entrenamiento, pero no ve "caballo negro", el MLE asignará probabilidad cero a "caballo negro". (Afortunadamente, también asignará probabilidad cero al caballo púrpura)

Modelos de lenguaje neuronal

Los modelos de redes neuronales no lineales resuelven algunas de las deficiencias de los modelos de lenguaje tradicionales. Por ejemplo, el número de parámetros de un LM neuronal aumenta lentamente en comparación con los modelos tradicionales. Uno de los primeros modelos de este tipo fue propuesto por Bengio et al en 2003. En un artículo clásico llamado A Neural Probabilistic Language Model, establecieron la estructura básica del aprendizaje de la representación de palabras usando un RNN.

3 Ideas Clave

Asociar con cada palabra en el vocabulario un vector de características de palabra distribuida (un vector de n dimensiones de valor real)

Expresar la función de probabilidad conjunta de secuencias de palabras en términos de los vectores de características de estas palabras en la secuencia, y

Aprender simultáneamente los vectores de características de palabras y los parámetros de esa función de probabilidad.

Los modelos de lenguaje se pueden entrenar en texto sin formato, digamos de Wikipedia. Para entrenar un modelo de lenguaje de orden k, tomamos los (k + 1) gramos del texto en ejecución y tratamos la palabra (k + 1) como la señal de supervisión. Por lo tanto, podemos generar una gran cantidad de datos de entrenamiento a partir de una variedad de datos en línea / digitalizados en cualquier idioma.

Un subproducto particularmente importante del aprendizaje de modelos de lenguaje utilizando modelos neuronales es la matriz de palabras, como se muestra a continuación. En lugar de actualizar solo los parámetros de entrenamiento, también actualizamos Word Matrix. La matriz de palabras se puede utilizar para una variedad de tareas supervisadas diferentes.

Conclusión

Casi todas las tareas de PNL utilizan modelos de lenguaje. Los modelos de lenguaje se utilizan en reconocimiento de voz, traducción automática, etiquetado de parte de voz, análisis sintáctico, reconocimiento óptico de caracteres, reconocimiento de escritura a mano y recuperación de información.

Los modelos de lenguaje tradicionales han funcionado razonablemente bien para muchos de estos casos de uso. La era del aprendizaje profundo ha traído nuevos modelos de lenguaje que han superado al modelo tradicional en casi todas las tare

La resistencia psicológica de la gente y cómo superarla - Cambiar el estado emocional de las personas-Sembrar ideas en la mente de una persona

la resistencia psicológica de la gente y cómo superarla - Cambiar el estado emocional de las personas-Sembrar ideas en la mente de una persona

La resistencia ya no es invisible una vez que comenzamos a verla operar en nuestra psique.

La resistencia se vuelve visible una vez que comenzamos a verla operando en nuestra psique.

A mediados de la década de 1980, adquirí una copia de La neurosis básica de Edmund Bergler. Mi terapeuta me dijo que el libro era importante y estaba decidido a leerlo. Lo hice durante cinco o seis páginas y luego, inexplicablemente, lo dejé a un lado.

Durante las siguientes semanas, ocasionalmente recordé el libro y mi intención de leerlo. Pero para entonces no podía recordar dónde lo había puesto. Finalmente lo encontré seis meses después, escondido en un excelente escondite, fuera de la vista en un estante trasero de mi oficina.

En un caso clásico de resistencia psicológica, ¡me había escondido el libro! No había querido saber lo que insistía que era cierto, que inconscientemente estamos listos y dispuestos a participar en nuestra propia miseria.

La resistencia psicológica es como un muro invisible que se interpone entre los aspirantes a individuos y el yo actualizado en el que quieren desesperadamente convertirse. Traer esta resistencia a la vista es de vital importancia para nuestro desarrollo personal.

Las personas chocan continuamente contra esta pared, son golpeadas por su duff, se levantan y repiten incomprensiblemente el procedimiento ad infinitum. Ni siquiera sabemos que estamos chocando contra una pared. Simplemente nos quedamos sintiéndonos confusos, aturdidos y desorientados, incapaces de dar sentido a la auto-derrota o el autosabotaje recurrentes.

La experiencia de ocultarme el libro me hizo más visible la resistencia. Ahora podía entender la resistencia de una manera muy personal después de darme cuenta de cómo me sacó lo mejor de mí. Debido a la terapia que estaba recibiendo, mi resistencia en ese momento había disminuido un poco. Ahora estaba más dispuesto a reconocer y resolver mi determinación de la inconsciencia de reciclar y reproducir emociones negativas como sentirme privado, rechazado, indefenso, criticado y rechazado.

Cuando se trata de la psique, la gente no sabe lo que no sabe. En términos de resistencia, no quieren saber lo que no saben. Descubrimos este hecho increíble al examinar nuestra psique bajo el microscopio de la psicología profunda.

Nuestra resistencia a la verdad interior me recuerda una caricatura que quería dibujar y enviar a The New Yorker, en

la que un cliente enojado mira a su psicoterapeuta y le dice:
"¿Cómo te atreves a decirme algo que aún no sé sobre mí?".
! "

La resistencia de tipo psicológico es, esencialmente, una falta
de voluntad inconsciente para abrir la conciencia a la verdad
interna que expone nuestra participación oculta en
problemas emocionales y de comportamiento. Las personas
cotidianas, incluso las más inteligentes entre nosotros,
pueden verse limitadas en un grado sorprendente por su
resistencia a ver y superar las debilidades ocultas, mientras
que las personas con trastornos límite y de salud mental
pueden ser extremadamente resistentes al conocimiento y
las estrategias que podrían ayudarlas a estar saludables.

La resistencia psicológica es un aspecto de la naturaleza
humana que no solo forma una barrera interna, sino que
también hace que las personas actúen en contra de sus
mejores intereses. Bajo la influencia de tal resistencia,
declinamos alejarnos de nuestras emociones negativas,
cambiar nuestros malos hábitos, iniciar planes y estrategias
para la autorrealización y abrir nuestras mentes a una
consideración más objetiva de nuestras percepciones y
creencias.

Anteriormente escribí de pasada sobre la resistencia, pero he
dudado en resaltarla. Desde el principio, la gente puede
resistirse al trabajo interior, y no quería desanimarlos con la
idea de que sus primeros pasos incipientes podrían requerir
un ascenso empinado. No es nada de eso, como dejaré
claro. Estoy escribiendo sobre el tema ahora porque algunos

clientes me han pedido más información sobre él, y espero presentar el desafío de la resistencia como una expedición de escalada aventurera en lugar de una misión imposible.

La mayor resistencia es el miedo, y todo es irracional. Mantener nuestra resistencia es una determinación obstinada, en gran parte inconsciente, de evitar los sentimientos de ansiedad o temor de tener nuestras percepciones y creencias subjetivas consoladoras (el yo limitado con el que nos identificamos) desafiadas por la verdad y la realidad.

El miedo está asociado con la posibilidad de que descubramos un autoconocimiento desorientador. Esto implica la sensación de estar abrumado por las vastas dimensiones de nuestra vida interior y, por lo tanto, perder nuestras reconfortantes asociaciones e ilusiones. Además, la pomposidad de nuestro ego puede inducirnos a creer que ya sabemos todo lo que podría ser relevante o importante.

Otra causa de resistencia es nuestra creencia reprimida de que algo "malo" acecha dentro de nosotros, alguna maldad que debemos mantener en secreto. Esta impresión se debe, en parte, al grado en que, cuando éramos niños, nos sentimos definidos en términos de "maldad" por nuestros instintos sexuales. Ya sea objetiva o subjetivamente, los niños también pueden sentir que no están siendo apreciados o amados adecuadamente; pueden personalizar esta impresión, creyendo así que algún aspecto aborrecible de sí mismos, una oscura noción de sí mismos que prefieren mantener encerrada, explica por qué no están siendo apreciados o amados más plenamente.

Si bien es importante comenzar a reconocer la resistencia, ciertamente no queremos intentar abrirnos camino a través de ella. Hacerlo intensifica el conflicto interno. En cambio, solo tenemos que vigilarlo, reconocerlo e incluso mostrar un respeto a regañadientes por su existencia como una faceta de la naturaleza humana. Hacemos nuestro mejor esfuerzo para reconocerlo y luego tratamos de proceder con la confianza de que no nos derrotará.

Sigmund Freud señaló que los psicoanalistas encuentran invariablemente una "resistencia tenaz" de sus pacientes. Cuanto más profundo es el análisis, mayor es la resistencia. Muchas terapias modernas encuentran poca resistencia porque no penetran profundamente en la psique. (En la mitología, la resistencia y otros problemas emocionales están representados por los muchos monstruos, dragones y otras criaturas viles que tienen la intención de impedir que los aspirantes a héroes cumplan su destino).

El muro interior invisible de resistencia se abre paso de "costa a costa" dentro de nuestra psique. Desde cualquier dirección que vengamos mientras luchamos por hacer avanzar nuestra conciencia, nos encontramos con el muro. Eso significa que una amplia gama de dinámicas psicológicas —todas nuestras defensas, por ejemplo, así como nuestro conflicto interno no resuelto— actúan como formas de resistencia.

Para ser precisos, hay más de una pared para escalar. Superamos el primero, avanzamos contentos durante muchos kilómetros, solo para encontrarnos con otro. Es probable que este segundo muro, al menos, sea más visible y menos imponente. Las paredes posteriores se vuelven aún más fáciles de escalar. Superar el primer muro es el trabajo más duro.

Como paredes de diferente composición, la resistencia adopta muchas formas. Incluye (1) conflicto interno que produce ansiedad, procrastinación e indecisión; (2) defensas psicológicas como el cinismo y las reacciones pasivo-agresivas; (3) falta de voluntad para considerar nuevas ideas; (4) una tendencia pasiva a permitir que la buena intención y la fuerza de voluntad colapsen; (5) un enfoque estrecho en detalles menores o asuntos secundarios que oscurecen el panorama general, (6) una fuerte identificación con nuestro viejo y defectuoso yo; (7) una obstinada falta de voluntad para hacer lo que más nos conviene; y (8) una determinación inconsciente, incluso compulsión, de producir la auto-derrota y el autosabotaje. Este tema de la resistencia podría llenar un gran libro.

El conflicto interno (número uno de la lista anterior) toma la forma de resistencia porque los síntomas del conflicto, así como el conflicto en sí, se sienten tan intrínsecos a la naturaleza, personalidad y carácter de uno. Las identificaciones emocionales y las repercusiones conductuales asociadas con el conflicto interno se convierten en nuestro sentido predeterminado del yo. Los individuos disfuncionales tienen dificultades para mantenerse o estabilizarse fuera del ámbito del conflicto y su consiguiente negatividad. Se aferran a un antiguo sentido conflictivo de sí mismos porque, aunque doloroso, todavía les resulta familiar y, por lo tanto, aparentemente da fe de quiénes son. Cuando las personas se resisten al crecimiento interior culpando a los demás de su difícil situación, esta culpa se convierte tanto en su defensa como en su resistencia. La culpa se emplea inconscientemente para encubrir la falta de voluntad de uno para dejar ir una vieja identidad y sus apegos emocionales.

Es por eso que la gente puede ser tan resistente a las nuevas ideas. Las personas inseguras o neuróticas, en lugar de conocerse intrínsecamente a través de sentimientos, digamos, de bondad e integridad, tienden a orientarse en torno a ideas y creencias que validan su actitud defensiva interior. Las nuevas ideas que desafían a las antiguas pueden atacar el tejido de su identidad y amenazar con socavarla. Algunas ideas nuevas, por supuesto, son más poderosas que otras. La noción de que estamos tan dispuestos a aferrarnos a las emociones negativas es una idea nueva (no es "nueva" per se, pero es nueva para la mayoría de la gente).

Para los adultos inseguros, aprender algo nuevo sobre su psique se siente como si se les pidiera que reconocieran el grado de ignorancia. Ese es un amargo paso hacia abajo de lo que sienten que es su gracia salvadora, su ilusión de conocer su propia mente. La resistencia se combina con una furiosa no aceptación para desacreditar esta nueva y humillante idea. No es exagerado decir que el modus operandi interno de la persona neurótica es tratar de falsificar la realidad para acomodar sus defensas. (En el caso de las personas con trastornos mentales, la realidad ya ha sido falsificada).

Al hacer la terapia, los clientes experimentan una forma de resistencia que implica el obstinado rechazo de sus síntomas a disiparse. Incluso para una persona expuesta a una buena terapia, sus síntomas continúan apareciendo y desapareciendo con el tiempo, hasta que la neurosis finalmente colapsa. La neurosis y sus síntomas son muy obstinados y superarlos puede ser el mayor triunfo en la vida de una persona. El proceso lleva tiempo, pero el tiempo en sí mismo no tiene por qué sentirse como una carga u obstáculo; después de todo, es solo la vida cotidiana. Una vez que una persona apunta en la dirección correcta, el tiempo está de su lado. Les digo a los clientes: "No utilicen la recurrencia de los síntomas como una forma de resistencia que pueda persuadirlos a renunciar a su objetivo de libertad interior y autorrealización".

Algunos de mis lectores me han dicho que, al leer mis libros, se sienten bastante somnolientos. Mi propia escritura, sugiero modestamente, no es la causa. La somnolencia es una forma de resistencia. En mi propia terapia hace 30 años, me ponía somnoliento cuando mi terapeuta identificaba correctamente mis problemas. Cuando se presentaban sus mejores análisis, misteriosamente me "desconectaba" y dejaba de escuchar lo que estaba diciendo. "¿Podrías repetir esa última parte?" A menudo le pedí que volviera a mis sentidos. Una vez, después de que él había roto astutamente una de mis defensas, le gruñí y le dije: "¡Y qué! ¡Vaya cosa!" Se necesitó un terapeuta santo para aguantar mi resistencia.

Desde una perspectiva positiva

Si eres un líder, es probable que no todos los que trabajan contigo estén de acuerdo con las decisiones que tomes, y eso está bien. El liderazgo implica tomar decisiones impopulares mientras navega por relaciones complejas con colegas, socios y clientes. Pero a menudo, tendrá que conseguir la aceptación de estos componentes y, por lo tanto, deberá convencerlos de que cambien de opinión.

Hay poca fricción involucrada en convencer a las personas que son sus partidarios naturales. Pero tratar de cambiar la opinión de un disidente o de un detractor es una historia diferente. ¿Cómo convencer a alguien que, por una razón u otra, no está de acuerdo con usted? ¿Alguien que te da un rotundo "no"?

En una investigación reciente observamos yse entrevistaron a más de 60 líderes que estaban tratando de convencer a los socios comerciales y otros electores de que cambiaran de opinión sobre un curso de acción que inicialmente en desacuerdo. Los líderes que tuvieron más éxito en superar el escepticismo de los demás fueron aquellos que diagnosticaron la raíz del desacuerdo fundamental antes de intentar persuadir. Primero se preguntaron: "¿Qué impulsa la resistencia de mi detractor?" Estos líderes a menudo señalaron qué aspectos de sus argumentos provocaban más rechazos y reacciones más emocionales. Luego, dependiendo de la respuesta, abordaron la situación con una de las siguientes tres estrategias específicas.

La conversación cognitiva

Cuándo usarlo: El detractor puede oponerse a su argumento debido a una razón objetiva. Si han articulado claramente un conjunto lógico de objeciones y no parecen estar ocultando motivos ocultos, acérquese a ellos con una conversación cognitiva. Esto es especialmente útil cuando se sabe que el detractor tiene una actitud sensata y puede fácilmente dejar de lado las emociones en su proceso de toma de decisiones.

Cómo funciona: una conversación cognitiva exitosa requiere dos cosas: argumentos sólidos y una buena presentación. Tomemos, por ejemplo, una situación en la que está presionando para cambiar de proveedor y ha encontrado uno cuyos materiales y productos son superiores al proveedor actual, cuyos productos han estado causando numerosos problemas posteriores. Pero su colega está a favor de seguir con su proveedor actual con el que tiene una relación duradera. Expresa su resistencia a su propuesta señalando los precios más altos que cobra el nuevo proveedor. Quiere preparar argumentos sólidos que refuten las objeciones del detractor. En este caso, podría señalar que el nuevo proveedor es en realidad menos costoso a largo plazo, si se tienen en cuenta todos los costos de producción adicionales que genera el proveedor actual. También desea utilizar un marco lógico y una historia clara para obligar al detractor a reevaluar su pensamiento. Por ejemplo, puede enfatizar que la decisión se basa en el costo, la calidad y el servicio, pero sobre todo en el costo y la calidad.

Tenga cuidado de no introducir emociones en la discusión, lo que podría dar la impresión de que usted y su detractor no están en un terreno común. Por ejemplo, no quiere que parezca que cree que la relación de su colega con el antiguo proveedor es irrelevante. El objetivo es mostrarle a la persona que, sobre una base objetiva y fáctica, su postura inicial sobre la situación no es tan razonable como su argumento. Tenga cuidado, estos detractores no se dejan influir fácilmente por generalizaciones amplias. Esté preparado para entrenar mentalmente con ellos y venga preparado con hechos que respalden cada aspecto de su argumento general.

El truco: no asuma que obtener un "sí" de este tipo de detractor indica una conversión en un partidario eterno. Es posible que los haya persuadido sobre este tema específico, pero es posible que no estén de acuerdo con usted nuevamente en el futuro. Si eso es cierto, espere tener otra conversación cognitiva sobre ese argumento separado.

La conversión de campeón

uándo usarlo: cuando el detractor no se persuade fácilmente a través de argumentos cognitivos, o cuando alberga un agravio en su relación con él, participar en debates puede ser inútil. Tomemos, por ejemplo, una decisión administrativa en la que le gustaría promover a una persona calificada que se desempeñó de manera brillante bajo su supervisión, pero una contraparte suya argumenta

que sus subordinados a menudo son promovidos por encima de los de ella. Incluso si su candidato a la promoción es objetivamente más merecedor, otros pueden sentir resentimiento y rehusarse a brindar apoyo.

Cómo funciona: no intente convencer a la otra persona. En su lugar, invierta tiempo en aprender personalmente sobre ellos y establecer una buena relación con ellos. Aquí, no se trata de argumentos o presentación, al menos inicialmente, sino de comprender su perspectiva y por qué pueden sentirse ofendidos personalmente. Por ejemplo, puede hacer preguntas sobre su equipo y qué miembros del equipo cree que tienen el mayor potencial. Convierta gradualmente a este detractor en alguien que sea su defensor o defensor, tal vez arrojando más luz sobre las cualidades que valora en las personas, tanto en su equipo como en el equipo de su contraparte, o mostrando cómo valora su estilo de liderazgo. Para cuando se deba tomar la decisión, trate de asegurarse de que ambos estén en la misma página en cuanto a qué cualidades son importantes para las decisiones de promoción y de haber expresado claramente cómo su candidato ejemplifica esas cualidades.

La trampa: no importa qué tan campeona se convierta la otra persona, no espere que esté de acuerdo con una decisión que es fundamentalmente ilógica. No puedes confiar solo en la relación; su postura aún debe estar respaldada por una lógica clara. Además, estos tipos de detractores pueden percibir fácilmente si está tratando de manipular la situación para ponerlos de su lado. La autenticidad es clave: permite que la otra persona vea quién eres para que pueda comprender mejor tu punto de vista.

Cuándo usarlo: hay ocasiones en que las creencias personales profundamente arraigadas del detractor lo hacen fundamentalmente opuesto a su propuesta. Tomemos, por ejemplo, un colega que podría no estar de acuerdo con usted sobre la necesidad de realizar un ensayo clínico necesario para un nuevo producto. Debido a que creen que el ensayo clínico podría ser perjudicial de alguna manera o ir en contra de sus valores, se oponen a la idea, aunque la evidencia muestra que los beneficios superan al daño. A veces es difícil precisar de dónde provienen estas creencias personales, pero alguna combinación de la educación, la historia personal y los prejuicios tácitos de la persona, en ocasiones, hará que parezca imposible que acepte una decisión, sin importar el argumento lógico o emocional que usted tenga. lanzar su camino. En estas situaciones, no hay mucho que pueda decir o hacer para cambiar su opinión.

Cómo funciona: en lugar de tratar de discutir con alguien que parece resistirse, traiga a un colega creíble. Un defensor de su puesto de otra parte de la organización, ya sea un par o superior, puede ser más adecuado para convencer a este detractor. Esto obliga al detractor a desenredar quién es usted de lo que podría ser su argumento y evaluar la idea en función de sus méritos objetivos. Si usted y el detractor están en un callejón sin salida, el colega creíble podría inclinar la balanza a su favor.

El truco: llamar a un partidario externo es un arma de doble filo. Si bien puede lograr el resultado que desea, puede exacerbar la oposición de su detractor, especialmente si el detractor siente que el colega creíble lo ha obligado a ponerse de su lado. Es fundamental encontrar al colega adecuado que pueda defender con tacto su puesto mientras mantiene una relación cordial.

No es fácil tener detractores y es aún más difícil cambiar de opinión. La clave es comprender la fuente de su resistencia y utilizar una estrategia específica que resuene mejor con su detractor en particular. Tendrá muchas más posibilidades de obtener un "sí"

Desde El lado oscuro de la PNL

Imagínese lo fácil que es aprender cualquier habilidad si tiene un modelo a seguir. Alguien a quien puede ver trabajar, ver el impacto que tienen y luego poder hacer preguntas para obtener información sobre las decisiones que se toman. Esta es la base de la PNL y el modelado hipnótico.

Mi metodología especial para la enseñanza del lenguaje hipnótico trabaja en este proceso. Me meto seriamente con la mente de la gente (solo en el buen sentido, por supuesto). Así es como lo hago con una audiencia cuando los entreno.

Uso del lenguaje hipnótico para enseñar lenguaje hipnótico

Utilizo lenguaje hipnótico para enseñar lenguaje hipnótico. La estructura que utilizo es utilizar mucho lenguaje hipnótico en la conversación cuando empiezo a enseñar. Luego le digo a la audiencia cómo estaba usando patrones con ellos y deconstruyo algunos de ellos para que puedan ver lo que estaba sucediendo y con qué facilidad puedo canalizar sus pensamientos.

Desesperado por escuchar lo que tengo que decir

A partir de ahí, la audiencia suele estar pendiente de cada una de mis palabras, analizando lo que digo, cómo lo digo y qué impacto tiene en ellos. Después de haber hecho eso por un tiempo, señalo que eso es exactamente lo que cualquier entrenador quiere de su audiencia, y lo he diseñado para que casi no tengan más opción que cumplir.

Luego les digo que el resto de la charla trata de mostrarles cómo pueden aplicar los mismos principios a situaciones en sus propias vidas. Utilizo este enfoque en grupos e individuos y tiene gente desesperada por aprender de mí y por prestar mucha atención a lo que tengo que decir.

Un comentario que siempre recibo es cuando la gente me dice que incluso cuando saben lo que estoy haciendo, no pueden evitar seguirlo. A menudo tengo que señalar que una de mis estrategias favoritas es decirle a la gente y obtener su permiso para manipularlos. Y eso seguramente será incluso más efectivo que simplemente ejecutar patrones encubiertamente sobre ellos Lograr que las personas cambien sus creencias, actúen y hagan lo que tú quieras es la diferencia entre usar algunos patrones de lenguaje hipnóticos y tener un proceso que mueva a las personas de donde están a donde quieres que vayan.

La dificultad para aprender este enfoque es que necesita verlo en acción y poder deconstruir lo que está sucediendo y luego aplicarlo a situaciones que son únicas para usted. Así es como puedes aprender habilidades encubiertas de persuasión hipnótica modelando mis habilidades.

Creando una perspectiva positiva e infundiendo dudas

Ahora ha llegado el momento de decirte algo de lo que te hablado a lo largo de capítulos anteriores pero que ahora lo haré de forma directa:

¿Cómo podemos crear una perspectiva positiva y al mismo tiempo sembrar dudas?

Esto es muy clave a la hora de usar la PNL para persuadir a las personas.

Como es algo de lo que tengo rato hablándote, seré muy directo y por lo tanto breve:

Como probablemente sepa, ganar la confianza de una persona suele ser el primer paso para persuadirla de cualquier cosa. Y parece que todos estamos en el juego de la persuasión en estos días, "vendiéndonos" a posibles empleadores, amigos y socios.

Entonces, ¿cómo puedes convencer rápidamente a alguien para que te dé su confianza? Si es un experto conocido en su campo, si es el autor de libros y artículos publicados con muchas letras después de su nombre, o incluso si tiene miles de 'amigos' en Facebook, establecer la confianza puede ser fácil. . El principio psicológico de la "prueba social" es una forma convincente de hacer que uno parezca creíble y, por lo tanto, digno de confianza.

Pero, ¿y si solo estás ... bueno, tú?

¿Cómo puede convertirse rápida y fácilmente en un asesor de confianza, alguien a quien la gente acudirá en busca de ayuda y consejo ... y quizás, para comprarle cosas?Hay otro principio psicológico que puede utilizar para generar confianza rápidamente.

La gente confía en las personas que les agradan. Y a las personas les gustan las personas que creen que son como ellos.

Este principio no es tan conocido como "prueba social" (tal vez porque no les da a los académicos una ventaja tan grande) pero puede funcionar aún más eficazmente. Si sabes cómo convencer a alguien de que eres como ellos.

 Cuando conoces a alguien por primera vez, por supuesto, sabes muy poco sobre él, ¡y mucho menos sobre cómo cree que es! Entonces, ¿cómo superar esta barrera y convencerlos de que en realidad son personas muy similares?

Una vez que tenga algunas habilidades específicas, es sorprendentemente fácil de hacer. No necesita mucha investigación de antecedentes. Solo necesita mantener los ojos y los oídos abiertos, concentrarse en la otra persona en lugar de en usted mismo y utilizar la información que recibe.

A continuación, le indicamos cómo convencer rápidamente a cualquier persona de que es como ellos:

Use sus palabras exactas mientras les habla. ¡No parafrasees! En su lugar, haga preguntas como "¿Qué tipo de X?" (donde X es una o más de sus palabras). Esto funciona como por arte de magia: es como si escuchar sus propias palabras adormece su subconsciente para que confíe en ti.

Observe sus gestos, notando dónde "colocan" las cosas de las que están hablando en el espacio dentro y alrededor de sí mismos. Luego, cuando mencione las mismas cosas, señale exactamente el mismo lugar. Como dijo un estudiante encantado, "es como si estuvieras de acuerdo en tratar a sus amigos imaginarios como si fueran reales". Pronto creerán que ves el mundo exactamente de la misma manera que ellos.

Nota de advertencia: no confunda estos enfoques con las técnicas de PNL "predicados coincidentes" y "coincidencia y duplicación". Hay diferencias sutiles. Los enfoques que describí anteriormente son más simples de aprender para la mayoría de las personas que las técnicas de PNL, y también funcionan de manera más efectiva.

Cambiar la dirección de los pensamientos de la gente a tu favor.

Hay innumerables libros y cursos universitarios que afirman tener las claves de la persuasión. Son recursos valiosos para aprender a persuadir, pero tienden a complicar demasiado el asunto e ignorar los métodos prácticos para comunicarse eficazmente con la gente.

No es necesario ser un vendedor experto con una confianza infinita para ser más persuasivo. Simplemente debe prestar más atención a lo básico para que pueda cambiar las probabilidades de éxito a su favor.

1. Haz que tus palabras sean poderosas.

El tono en sí debe estar lleno de palabras que realmente provoquen una respuesta. Puede hacer esto fácilmente al enmarcar sus declaraciones en torno a frases clave.

Por ejemplo, "accidente automovilístico" es una frase que le hace pensar en muchos tipos diferentes de colisiones de vehículos. Pero si está tratando de persuadir a alguien para que compre un seguro de automóvil, no dirá que hay miles de accidentes automovilísticos cada día. Dirás que hay miles de muertes relacionadas con el automóvil todos los días.

"Muerte" es una palabra más poderosa que "accidente" y los anunciantes usan este método todos los días para convencer a la gente de que compre productos.

Aquí hay algunas palabras más que se dice que son las más persuasivas en el idioma inglés.

2. Vístete, pero no hables mal.

La ropa bonita es de gran ayuda para mantener la confianza, incluso si no hay nadie cerca para verte. El desagradable efecto secundario es que ser la persona mejor vestida de la sala puede resultar en hablar mal o ser condescendiente con las personas que en realidad están por encima de ti.

Es una trampa fácil en la que caer porque si sentimos que tenemos el poder en una conversación, es más probable que tratemos con condescendencia a la persona diciéndole cosas como, "Oh, bueno, déjame explicarte esto. Es realmente bastante simple ". El problema es que si no es simple, o si no se está comunicando bien, los habrá perdido.

Tenga en cuenta que la persona a la que le está lanzando está por encima de usted. Tienen el poder de decir "no". No quieres que se den cuenta de esto, obviamente, porque necesitas mantener el control sobre la conversación, pero hablar con desprecio a la persona es desafiarla a un concurso en el que no quieres participar. Recuerda que hay una multa línea entre la arrogancia y la asertividad.

3. Centrarse en el futuro.

Usar el tiempo futuro es una excelente manera de generar confianza. Ayuda a la otra persona a saber que está avanzando y que está listo para cumplir lo que promete.

 Puede hacerlo fácilmente abusando de la palabra voluntad. Frases como "Lo haremos" y "Entonces haremos esto" harán que la persona se acostumbre a la idea de que esto va a suceder.

 Dicho esto, no seas agresivo. Trate de no tomar decisiones por la otra persona, sino de hablar sobre las posibilidades y los efectos de las decisiones que se pueden tomar.

4. Hágase escaso.

La gente quiere lo que no puede tener. Deje en claro que esta oferta que les está extendiendo no durará para siempre y que se la perderán.

Esto funciona especialmente si vende un producto. Las tácticas comunes para descargar nuevos productos es hacerlos escasos y raros intencionalmente, lo que provoca que las personas "¡Consíganlo ahora mientras pueda!"

5. Elija el medio adecuado para su presentación.

 Estás tratando de convencer a alguien de que haga algo que probablemente no quiera hacer (todavía). Esto significa que cultivar el entorno para su campo es bastante esencial.

Estudie a la persona y determine cómo prefiere comunicarse. Simplemente preguntarles si les gusta hablar por teléfono en lugar de por correo electrónico es muy útil, siempre y cuando les dé algunas opciones.

Incluso me he encontrado con personas que se sienten más cómodas enviando mensajes de texto que hablando cara a cara. Tenga esto en cuenta y elija un medio centrado en ellos, no en usted.

6. Habla su idioma.

Terminar la oración de una persona es un mal hábito. Esto se debe a que está insertando su propio "habla" en sus pensamientos independientes.

Escuche atentamente cómo habla la persona y observe cómo se comporta. Elija su propio enfoque en consecuencia. ¿Se desvían de la jerga? Tu también deberías. ¿Hacen bromas y terminan sus frases con preposiciones? Combina eso con tu propio estilo relajado.

Incluso el lenguaje corporal debe combinarse eficazmente. Si les gusta hablar con las manos, eso significa que su forma ideal de comunicación es activa, por lo que es útil que usted haga lo mismo. Si su lenguaje es reservado y cerrado (brazos cerrados, etc.), entonces debes evitar los gestos que los harían sentir incómodos.

Esta técnica también es útil para dirigirse a grupos de personas. Trate de familiarizarse con la habitación y estudie qué hace que las personas reaccionen de manera positiva a lo que usted dice. Aprenda qué funciona y aplíquelo en consecuencia.

7. Evite los rellenos verbales.

Cada vez que dejas que "um" o "uh" interrumpan tu discurso, pierdes credibilidad con la persona con la que estás hablando. Ni siquiera importará que lo que tengas que decir sea importante.

Sea claro y deje fluir su discurso. La mejor manera de hacer esto es practicando su discurso en casa o pensando por un segundo antes de hablar.

8. Haga algo por ellos.

De niño, probablemente les dijiste algo agradable a tus padres antes de pedirles algo. Incluso a una edad temprana, nos damos cuenta de que es más probable que las personas nos ayuden si están devolviendo el favor por algo que hemos hecho.

También debes devolver el favor, porque nunca sabes qué se está notando sobre ti. Una vez recomendé un gran sitio web en este sitio, que fue un favor no solicitado. El destinatario de este favor estaba tan agradecido por el aumento en las ventas que me enviaron mercadería gratis. No lo pedí y definitivamente no tenían que hacerlo, pero consolidó una relación que podría generar más beneficios mutuos en el futuro.

9. Sea un maestro de la sincronización.

Esto va de la mano con conocer a la persona a la que le estás lanzando. Estúdialos y averigua cuál es el mejor momento para hablar con ellos.

Por ejemplo, algunos ejecutivos ocupados están abrumados durante el comienzo de la semana y revisan mentalmente el viernes. Esto significa que el jueves puede ser el mejor momento para acercarse a una persona a la que necesita persuadir.

Esto es más fácil si está tratando de persuadir a un amigo o ser querido porque lo comprende mejor. Elija el momento adecuado para hablar con ellos y sus probabilidades de éxito se dispararán

10. Exprese su opinión de mala gana.

Quieres que la otra persona crea en ti. Tienes todas las respuestas, pero ¿cómo llegaste allí?

Hable sobre lo que solía creer y lo que cree ahora. Utilice su propia experiencia de aprendizaje como una historia que puedan seguir. Al hacer esto, está marcando el ritmo de la conversación / tono y le da a la persona la seguridad de que esto funcionará para ellos.

11. Repita lo que dicen.

Demuestre que está escuchando y reconociendo los pensamientos y sentimientos de la persona con la que está hablando. Puedes afirmar su postura simplemente diciendo:

"Si te entiendo correctamente, estás diciendo que esto te parece importante debido a XY y Z. Entiendo eso, y creo que AB y C."

Créame, esto es útil incluso cuando no está hablando del alfabeto.

12. Desarrolle sus emociones.

Deje que sus respuestas emocionales, como el entusiasmo y la emoción, se desarrollen naturalmente durante la conversación. No abrume a la persona con un celo que aún no siente.

 En muchos casos, querrá esperar hasta el final de su discurso para comenzar a rociar la emoción y la pasión. Esto asegurará que parezca sincero y lógicamente fundado en lo que ya se ha dicho.

Una buena regla general es comenzar la conversación con una nota alegre pero relajada. A medida que empiece a discutir el tema en cuestión, gradualmente se entusiasme y se apasione por lo que está hablando. De esta manera, la persona no se sentirá como si estuviera "trabajando". En cambio, sentirán que les estás haciendo un favor, algo de manera natural.

Formas prácticas y efectivas de aprender a ser influyente

Los líderes extraordinarios inspiran, pero ¿cómo lo hacen? ¿Qué diferencia a un buen líder de uno mediocre? Un líder extraordinario es una persona que ha aprendido a influir en los demás, incluidos sus pensamientos, sentimientos y comportamientos; personas como Martin Luther King, Jr., Gandhi, Nelson Mandela y Oprah son solo algunos ejemplos.

Aquí cubriremos las 10 cualidades esenciales que comparten todos los líderes excelentes. También cubriremos cómo influir en las personas y mejorar su propia capacidad para influir en los demás, sin importar en qué situación se encuentre.

¿Listo para aprender a influir en los demás?

LAS 10 CUALIDADES QUE NECESITAS PARA INFLUIR EN OTROS

1. HAMBRE EXTRAORDINARIA Y CONDUCIR

El hambre y el impulso distinguen a un líder de un seguidor. Los líderes tienen un hambre insaciable de hacer que algo suceda; deben hacer, crear y compartir. Este impulso es la fuerza que los hace imparables. A través de su impulso, descubren cómo influir en las personas y la cultura que los rodea.

Si estudias a los grandes líderes de la historia, verás que obtienen su hambre de una variedad de lugares, pero a menudo proviene de algo que faltaba en sus vidas. También encontrará su disposición a enfrentarse a la autoridad. Son personas que se enfrentan al statu quo, no se ajustan a él.

Entonces, ¿cómo se mejora para influir en los demás? Cualquier cosa que intensifique el hambre y el impulso dentro de ti te convertirá en un líder más poderoso. El hambre más grande es servir algo más grande que uno mismo, lo que nos lleva a la siguiente calidad.

2. VISIÓN EXCEPCIONAL Y COMPLEJANTE

Las pequeñas visiones no tienen el poder de inspirar o conmover a las personas. En lugar de influir en los demás, lucharás por su atención. Si quieres desbloquear una vida extraordinaria, debes tener grandes sueños. Es por eso que los grandes líderes siempre tienen una visión más amplia que ellos mismos.

Tratar de influir en otros para que apoyen una meta egoísta es un error que cometen muchos líderes. Recuerde que ejercer influencia es muy poderoso y solo debe usarse para influir en el cambio para un bien mayor. Si lo usa con propósitos egoístas, aquellos a quienes está tratando de influir lo sentirán.

Para destacar e influir realmente en los demás, su visión debe capturar y captar los corazones, las mentes y las energías de un número significativo de personas. Debe ser la visión de cómo se puede mejorar la vida de un grupo de personas, clientes, un género, una raza o un país. Debe haber algo que haga que las personas quieran aportar sus recursos y contribuir con su energía para lograr esa visión. Cuando tiene un propósito específico que beneficia a quienes lo rodean, otros se sentirán atraídos para ayudarlo a alcanzar su objetivo y ellos, a su vez, influirán en otros para que también lo ayuden.

3. CERTEZA ABSOLUTA

Un líder siempre tiene la creencia fundamental absoluta de que puede hacer realidad su visión. Existe un verdadero poder en la fe, e influir en los demás siempre comienza con la convicción. La certeza es lo que da forma a los seres humanos; es una de nuestras seis necesidades humanas. La certeza también es un componente crucial en cómo influir en las personas.

La incertidumbre, la duda y el miedo son los mayores impedimentos para influir en los demás. Las personas verdaderamente influyentes entienden que el miedo a no seguir su visión es mayor que cualquier miedo asociado con seguir adelante. Saben que el hambre destruye su miedo al fracaso y que pueden utilizar su miedo en lugar de dejar que los utilice.

Piense en buenos líderes que haya visto en acción. Su pasión es contagiosa, ¿verdad? Nunca has visto a un líder increíble decirle a su equipo: "No estoy seguro de que podamos hacer que esto funcione" o "Quizás no soy la persona adecuada para hacer este trabajo". Un líder increíble involucra a quienes lo rodean actuando con total certeza. Usan su miedo para presionarlos aún más y esta convicción es la clave para influir en los demás.

4. COMUNICADOR APASIONADO Y EFICAZ

Este concepto es quizás lo más importante que enseña Tony: para influir en los demás, debes saber qué es lo que ya los influye. Así es como influir en las personas y lograr un cambio real. Debe comprender quién es su audiencia y cómo llegar a esa audiencia en particular. Tu pasión trae la energía; su efectividad proviene de saber quién es su audiencia y cómo hablarles de una manera que los conmueva. Todos se mueven de diferentes maneras, por lo que hacer esto bien es crucial.

Las personas que intentan influir en los demás cometen el error de comunicarse con el estilo que les funciona. A menos que tengan suerte y estén con un grupo de personas que piensen como ellos, este tipo de comunicación fallará. Aquellos que entienden cómo influir en las personas saben que conocerlos mejor es un paso crucial para la comunicación y que influir en ellos no se puede hacer sin él. La comunicación apasionada y eficaz es la única forma en que podrá aportar la energía para inspirar a las personas a hacer algo más allá de la norma: hacer algo extraordinario.

5. ESTRATEGIA BRILLANTE

Los líderes extraordinarios que influyen en el cambio han ideado una estrategia para ir de donde están a donde quieren estar y hacer realidad su visión. Si no son estrategas por naturaleza, saben cómo reconocer una estrategia que es eficaz y utilizarla para su propia agenda.

Los líderes que saben cómo influir en los demás son estratégicos en su estilo de comunicación y mensajes. Son estratégicos en cómo hacer el trabajo y saben cómo trabajar con una variedad de personas. Saben que necesitan una estrategia para lo que están haciendo y una estrategia para comunicarse. Para influir en los demás, debe saber cuándo dar y cuándo exigir, cuándo hablar y cuándo escuchar profundamente. Tanto como desarrollar estrategias se trata de crear un plan de acción, también se trata de comprender cuándo su equipo necesita recargarse. Cuando esté creando estrategias como líder, nunca tenga miedo de reevaluar lo que está haciendo.

6. CAPACIDAD DE CUIDAR, CONECTAR Y ROMPER PATRONES

La mejor manera de hacer cambios e influir en los demás es romper el patrón actual. Los líderes saben esto y usan el mismo principio para desafiar a las personas, aunque la forma en que desafían a las personas varía. Algunos líderes usan el humor para romper patrones. Algunos lo hacen escuchando más y siendo empáticos. Sin embargo, todos tienen una cosa en común: realmente se preocupan por aquellos a quienes influyen y saben cómo conectarse con ellos. Cuando te preocupas lo suficiente como para conectarte con alguien y aprender sus patrones, obtienes la capacidad de influir en ellos. Sin este conocimiento vital, es muy posible que esté utilizando el tipo de estilo de comunicación incorrecto, y ni siquiera sabrá por qué.

 Esta habilidad es vital porque como líder, te enfrentarás a alguien o algún grupo que tratará de detener tu progreso. También tendrá que aprender a influir en las personas que tienen creencias limitantes que les impiden realizar los cambios necesarios.

7. EXPECTATIVAS Y ESTÁNDARES INRAZONABLES

 Para influir en los demás y cambiar el mundo, debe establecer un estándar de expectativas irracionales. La única forma en que sucede algo revolucionario es cuando no te conformas y cuando sabes cómo influir en otros para que no lo hagan. Todos obtenemos lo que toleramos. Como líderes, debemos crear una cultura en la que las personas vivan vidas más grandes con mayores expectativas de lo que pueden hacer y cómo se las trata. Debemos darles las herramientas para desbloquear una vida extraordinaria.

 La mayor diferencia entre un gerente y un líder que sabe cómo influir en los demás es que un gerente logra que las personas hagan cosas al supervisarlas. Un líder, por otro lado, inspira a las personas a un nuevo estándar; Incluso cuando el líder no está allí, la gente sigue viviendo de acuerdo con estas nuevas reglas porque también se han convertido en su estándar. Las expectativas irracionales cambian el mundo. Cuando un líder tiene estándares más altos y sabe cómo influir en otros para que adopten también estos estándares más altos, se produce la innovación y el cambio duradero.

8. VALOR Y FE PARA ACTUAR

Tener coraje significa que le temes a una tarea y lo haces de todos modos, y tener fe significa que puedes trabajar hacia una meta desafiante porque crees que sirve a un bien mayor. Los líderes tienen la capacidad de aprovechar ambos; también saben cómo influir en las personas para que adopten el mismo valor y fe. No es que los líderes no experimenten miedo, simplemente saben cómo bailar con él en lugar de dejar que arruine sus vidas.

Piense en la diferencia entre el miedo y la fe. Ambos son ideas inventadas. El miedo es solo imaginación no dirigida, mientras que la fe es imaginación dirigida conscientemente para un bien mayor. Los líderes extraordinarios entienden este concepto y saben cómo usarlo cuando influyen en otros. Tienen el coraje de actuar y asumir riesgos junto con la fe de que de alguna manera, incluso cuando algo parezca desafiante, tendrán el coraje de volver a levantarse despúes de haber fallado. Esto inspira a otros a bailar con su propio miedo y crea un efecto dominó que provoca un cambio duradero.

9. INSANALMENTE PERSISTENTE, PERO FLEXIBLE, EN SU ENFOQUE

Todos los grandes líderes continúan aprendiendo con cada interacción y cada experiencia. Nunca apagan esa capacidad para adaptarse a nuevos entornos o desarrollar nuevas habilidades. Hay algo dentro de ellos que anhela saber todo lo que pueden saber para poder dominar algo relacionado con su visión. Es un nivel increíble de perseverancia que pueden utilizar para convertir los reveses en éxitos y para ser muy eficaces a la hora de influir en los demás.

Pero la perseverancia no significa ser inamovible. Los líderes son flexibles para que puedan hacer un cambio cuando algo no funciona. El fracaso no parece detenerlos; han fallado antes y siempre aprenden de ello. Piénselo de esta manera: persiste en el resultado, pero flexiona su enfoque hacia ese objetivo.

Un error que cometen aquellos que quieren aprender a influir en los demás es que, si bien han dominado la perseverancia, también se han vuelto rígidos. Persiguen obstinadamente las mismas actividades u objetivos que han tenido desde el principio, incluso cuando no están trabajando. Recuerde que la persistencia puede funcionar en su contra a menos que la combine con flexibilidad.

10. AUTÉNTICO Y CONGRUENTE

Un verdadero líder predica con el ejemplo. Cuando intentan influir en los demás, siempre hacen lo que hablan. Nunca piden a los demás que hagan lo que ellos mismos no están dispuestos a hacer, o que ya han hecho. Lideran desde sus valores fundamentales y saben que influir en los demás no tiene sentido a menos que provenga de un lugar de autenticidad. Debe tener autenticidad para crear credibilidad y debe ser congruente con sus palabras y acciones. Sin credibilidad, nadie puede liderar y nadie puede tener éxito al descubrir cómo influir en los demás.

Todos los grandes líderes y aquellos que han dominado cómo influir en las personas tienen historias de posibilidad en lugar de imposibilidad. ¿Personas que cuentan la historia de la imposibilidad, la historia de no poder lograr algo? No influyen en los demás; no son líderes. Ya se han rendido.

INFLUIR EN OTROS CON LA CABEZA, EL CORAZÓN Y LAS MANOS

Aprender a influir en las personas no es solo para los líderes de las empresas Fortune 500 o los grandes movimientos políticos. Puede influir en los demás para el bien común en las interacciones diarias, incluso si no está en un papel de liderazgo.

Aquí hay tres formas comprobadas de influir en las personas a diario:

INFLUENCIA CON LA CABEZA

Cuando haces apelaciones lógicas, estás influenciando a otros con la cabeza. Esto aprovecha la parte racional de su cerebro. Puede influir en ellos apelando a sus creencias organizativas, los beneficios de su propuesta o presentando hechos de una autoridad reconocida.

INFLUENCIA CON EL CORAZÓN

Este tipo de apelaciones se conectan con las emociones de una persona. Pueden promover buenos sentimientos o desencadenar empatía por quienes están sufriendo. Las apelaciones emocionales dependen de los valores de aquellos a quienes intenta influir, así como de su sentido de pertenencia. Influir con el corazón suele ser eficaz cuando se recaudan fondos o se recluta para una junta sin fines de lucro.

INFLUENCIA CON LAS MANOS

Influir en otros con las manos implica apelaciones cooperativas centradas en la colaboración y el trabajo en equipo. Se está acercando a otros, buscando su opinión y animando a todos dentro de un grupo en particular a trabajar juntos. Colaborar para lograr un objetivo que beneficie al bien común es un factor de influencia poderoso, especialmente cuando estás trabajando para lograr un cambio masivo y duradero.

¿Cómo sabe qué tipo de apelación utilizar para influir en los demás? Se basa en la situación, su audiencia y qué tan fuerte es en cada área. Antes de hablar con la persona o personas en las que espera influir, determine lo que sabe sobre ellas y qué tácticas funcionarán con mayor eficacia. En algunos casos, es apropiado combinar dos o más de estas apelaciones.

Influir en los demás se trata de trabajar eficazmente con personas sobre las que no tienes autoridad. Cuando proviene de un lugar de empatía, compasión y el deseo de elevar a todos a un nivel superior, la influencia ayuda a hacer del mundo un lugar mejor.

Los líderes cambian el estado de los demás y el mundo que los rodea al contar una historia eficaz. Dicen lo que quieren decir, se preocupan por aquellos a quienes influyen y saben cómo adaptar su enfoque a individuos o grupos específicos. Inspiran a otros con su visión y poniendo en práctica sus planes.

Apelar a la identidad, destruir las creencias y abrir la mente de la gente.

Aquí entramos en un tema central de la persuasión: la identidad. Si recuerdas los primeros capítulos, seguro tendrás muy fresco en tu memoria lo relacionado con los principios de la persuasión, que a su vez están basados en muchos aspectos de la PNL.

Uno de los detalles más claves en todo este tema es la de la formación de las creencias. Las personas creen algo, lo dan por sentado, pero no es por casualidad ni por arte de magia, se trata de conceptos que se construyen de diferentes maneras donde entran en juego diferentes factores, uno de ellos es la identidad.

La identidad es lo que somos, es como nos vemos, como nos percibimos y como nos presentamos y proyectamos. La identidad es clave en todo proceso de querer persuadir a alguien, porque si sabe valerte de ella, de lo que una persona quiere o aspira ser, sabrán también moldear sus pensamientos o decirle lo que sabes que quiere escuchar, para que de ese modo haga lo que tú quieras.

En este capítulo no voy a entrar en detalles que ya he tocado en apartados anteriores, aquí solo quiero decirte ciertas cosas a manera de recordatorio, y acompañar mis palabras con algunos consejos acerca de cómo utilizar la identidad para lograr que una creencia se destruya y así poder abrir la mente de una persona.

Pon en duda la realidad en relación a la identidad

Si una persona te dice que es o quiere ser algo y casualmente ese es uno de los temas más arraigados, trata de ponerle en tela de juicio, trata de hacerle dudar, hazle reflexionar acerca de cómo una cosa no va con la otra, trata de jugar con los estereotipos.

Hazle ver que puede estar equivocada

Si haces que una persona dude, no solo de que está haciendo algo en contra de su identidad, sino de que puede que no posea la identidad que cree, lo más seguro es que empiece a prestarte mucha atención, que al final de cuentas es lo que más deseamos en la persuasión a través de la PNL.

Recalca valores

Trata de estar empapado de lo que es apersona considera que es su identidad, no entres en este terreno de buenas a primeras, debes estar listo, debes saber al menos cómo es el pensamiento de la persona y lo que ella quiere ser.

Recalcando los valores propios de la identidad, esa persona que deseas persuadir te tomará como alguien que realmente sabe de lo que habla, y una vez más ahí estará la clave para que te preste atención y puedas abrir su mente.

Pon todo en perspectiva

Cuanto más le hagas dudas, más te tendrá en cuenta, pero cuando la duda se transforma en reflexión, pasas a ser parte importante de los pensamientos de alguien, y ahí es cuando no solo te escucha sino que te permite que le abras la mente.

En definitiva, destruir creencias no es alfo sencillo, debes saber proyectarte como alguien que sabe de lo que habla para que pueda luego alcanzar realmente ese poder. Entonces no lo olvides, dedica esfuerzos a estar preparado.

Dominar y resolver las objeciones

Además de ser menos sustancial de lo que pensamos, nuestro conocimiento también es muy selectivo: recordamos convenientemente hechos que apoyan nuestras creencias y olvidamos a los demás. Cuando se trata de entender la UE, por ejemplo, los partidarios del Brexit conocerán los costos generales de la membresía, mientras que los restantes citarán sus numerosas ventajas. Aunque el nivel general de conocimiento es igual en ambos lados, hay poca superposición en los detalles.

Simplemente preguntar por qué la gente apoya o se opone a una política no tiene sentido. Necesitas preguntar cómo funciona algo para tener efecto.

La política también puede alterar nuestras habilidades de pensamiento crítico. Los estudios psicológicos muestran que las personas no se dan cuenta de las falacias lógicas en un argumento si la conclusión apoya su punto de vista; si se les muestra evidencia contraria, sin embargo, serán mucho más críticos con el más mínimo agujero en el argumento. Este fenómeno se conoce como "razonamiento motivado".

Un alto nivel de educación no necesariamente nos protege de estos defectos. Los graduados, por ejemplo, a menudo sobreestiman su comprensión de la materia de su título: aunque recuerdan el contenido general, han olvidado los detalles. "La gente confunde su nivel actual de comprensión con su conocimiento máximo", dice el profesor Matthew Fisher de la Universidad Metodista del Sur en Dallas, Texas. Ese falso sentido de experiencia puede, a su vez, llevarlos a sentir que tienen la licencia para ser más cerrados en sus puntos de vista políticos, una actitud conocida como "dogmatismo ganado".

No es de extrañar que las discusiones sobre política puedan hacernos sentir que nos estamos golpeando la cabeza contra una pared de ladrillos, incluso cuando hablamos con personas a las que de otro modo respetaríamos. Afortunadamente, la investigación psicológica reciente también ofrece formas basadas en la evidencia para lograr debates más fructíferos.

Pregunte "cómo" en lugar de "por qué"

Gracias a la ilusión de profundidad explicativa, muchos argumentos políticos se basarán en premisas falsas, expresadas con gran confianza pero con una comprensión mínima de los temas en cuestión. Por esta razón, una forma simple pero poderosa de desinflar el argumento de alguien es pedir más detalles. "Es necesario que el 'otro lado' se centre en cómo se desarrollaría algo, paso a paso", dice el profesor Dan Johnson de la Washington and Lee University en Lexington, Virginia. Al revelar la superficialidad de sus conocimientos existentes, esto provoca una actitud más moderada y humilde.

En 2013, el profesor Philip Fernbach de la Universidad de Colorado, Boulder, y sus colegas pidieron a los participantes en los esquemas de tope y comercio, diseñados para limitar las emisiones de carbono de las empresas, que describieran en profundidad cómo funcionaban. Los sujetos inicialmente adoptaron puntos de vista fuertemente polarizados, pero después de que se expusieron los límites de su conocimiento, sus actitudes se volvieron más moderadas y menos sesgadas.

Es importante señalar que simplemente preguntar por qué las personas apoyaron o se opusieron a la política, sin pedirles que expliquen cómo funciona, no tuvo ningún efecto, ya que esas razones podrían ser más superficiales ("Ayuda al medio ambiente") con pocos detalles. Debe preguntar cómo funciona algo para obtener el efecto.

Si está debatiendo los méritos de un Brexit sin acuerdo, podría pedirle a alguien que describa exactamente cómo cambiaría el comercio internacional del Reino Unido según los términos de la OMC. Si está desafiando a un negador de una emergencia climática, puede pedirle que describa exactamente cómo sus teorías alternativas pueden explicar el reciente aumento de las temperaturas. Es una estrategia que el locutor James O'Brien emplea en su programa de entrevistas LBC, con un efecto poderoso.

Llenar su vacío de conocimiento con una historia convincente

Si está tratando de desacreditar una falsedad en particular, como una teoría de la conspiración o una noticia falsa, debe asegurarse de que su explicación ofrezca una narrativa convincente y coherente que llene todos los vacíos que quedan en el entendimiento de la otra persona.

Considere el siguiente experimento del profesor Brendan Nyhan de la Universidad de Michigan y el profesor Jason Reifler de la Universidad de Exeter. Los sujetos leen historias sobre un senador ficticio supuestamente bajo investigación por soborno que posteriormente renunció a su cargo. La evidencia escrita, una carta de los fiscales que confirma su inocencia, hizo poco para cambiar las sospechas de los participantes sobre su culpabilidad. Pero cuando se les ofreció una explicación alternativa para su renuncia (asumir otro papel) los participantes cambiaron de opinión. Lo mismo se puede ver en los juicios por homicidio: es más probable que las personas acepten la inocencia de alguien si también se ha acusado a otro sospechoso, ya que eso llena el mayor vacío de la historia: la novela.

El poder persuasivo de las narrativas bien construidas significa que a menudo es útil discutir las fuentes de información errónea, de modo que la persona pueda comprender por qué se estaba engañando en primer lugar. Los anti-vacunas, por ejemplo, pueden creer en una conspiración médica para encubrir los supuestos peligros de las vacunas. Es más probable que cambie de opinión si reemplaza esa narrativa con una historia igualmente coherente y convincente, como el fraude científico de Andrew Wakefield y el hecho de que se beneficiaría de su artículo que vincula el autismo con las vacunas MMR. Simplemente declarar la evidencia científica no será tan convincente.

Replantea el problema

cada una de nuestras creencias está profundamente arraigada en una ideología política mucho más amplia y compleja. La negación de la crisis climática, por ejemplo, está ahora indisolublemente ligada a las creencias en el libre comercio, el capitalismo y los peligros de la regulación ambiental.

Por lo tanto, atacar un tema puede amenazar con desentrañar la cosmovisión completa de alguien, un sentimiento que desencadena un razonamiento motivado con carga emocional. Es por esta razón que los republicanos altamente educados en los Estados Unidos niegan la abrumadora evidencia.

No vas a alterar toda la ideología política de alguien en una discusión, por lo que una mejor estrategia es desenredar el tema en cuestión de sus creencias más amplias o explicar cómo los hechos aún pueden adaptarse a su cosmovisión. Un capitalista de libre mercado que niega el calentamiento global podría ser mucho más receptivo a la evidencia si le explicas que el desarrollo de energías renovables podría conducir a avances tecnológicos y generar crecimiento económico.

Apelar a una identidad alternativa

Si el intento de reformular el problema falla, es posible que tenga más éxito apelando a otra parte de la identidad de la persona por completo.

La afiliación política de alguien nunca los definirá completamente, después de todo. Además de ser un conservador o un socialista, un Brexiter o un remanente, nos asociamos con otros rasgos y valores, cosas como nuestra profesión o nuestro papel como padres. Podríamos vernos a nosotros mismos como una persona particularmente honesta o como alguien especialmente creativo. "Todas las personas tienen identidades múltiples", dice el profesor Jay Van Bavel de la Universidad de Nueva York, que estudia la neurociencia del "cerebro partidista". "Estas identidades pueden activarse en cualquier momento, dependiendo de las circunstancias".

Es más probable que logre sus objetivos discutiendo con amabilidad y amabilidad. También se verá mejor para los espectadores

Es natural que cuando se habla de política, la identidad sobresaliente sea nuestro apoyo a un partido o movimiento en particular. Pero cuando se les pide a las personas que primero reflexionen sobre sus otros valores no políticos, tienden a volverse más objetivos en la discusión sobre temas altamente partidistas, ya que dejan de ver los hechos a través de su lente ideológica.

Podría intentar usar esto a su favor durante una conversación acalorada, con halagos sutiles que apelan a otra identidad y su conjunto de valores; Si está hablando con un profesor de ciencias, podría intentar enfatizar su capacidad para evaluar la evidencia de manera imparcial. El objetivo es ayudarlos a reconocer que pueden cambiar de opinión sobre ciertos temas mientras se mantienen fieles a otros elementos importantes de su personalidad.

Persuadirlos para que adopten una perspectiva externa

Otra estrategia simple para fomentar una mentalidad más imparcial y racional es pedirle a su interlocutor que imagine el argumento desde el punto de vista de alguien de otro país. ¿Cómo, por ejemplo, alguien en Australia o Islandia vería a Boris Johnson como nuestro nuevo primer ministro?

El profesor Ethan Kross de la Universidad de Michigan y el profesor Igor Grossmann de la Universidad de Waterloo en Ontario, Canadá, han demostrado que esta estrategia aumenta la "distancia psicológica" del problema en cuestión y enfría el razonamiento cargado de emociones para que pueda ver las cosas más. objetivamente. Durante las elecciones presidenciales de Estados Unidos, por ejemplo, se pidió a sus participantes que consideraran cómo alguien en Islandia vería a los candidatos. Posteriormente, estuvieron más dispuestos a aceptar los límites de su conocimiento y escuchar puntos de vista alternativos; después del experimento, era aún más probable que se unieran a un grupo de discusión bipartidista.

Esta es solo una forma de aumentar la distancia psicológica de alguien, y hay muchas otras. Si está considerando políticas con consecuencias potencialmente a largo plazo, podría pedirles que se imaginen viendo la situación a través de los ojos de alguien en el futuro. Independientemente de cómo lo haga, fomentar este cambio de perspectiva debería hacer que su amigo o pariente sea más receptivo a los hechos que está presentando, en lugar de simplemente reaccionar con rechazos instintivos.

Sé amable

Aquí hay una lección que algunos polemistas de los medios de comunicación deberían recordar: las personas son generalmente mucho más racionales en sus argumentos y están más dispuestas a admitir hasta los límites de su conocimiento y comprensión, si son tratadas con respeto y compasión. La agresión, por el contrario, les lleva a sentir que su identidad está amenazada, lo que a su vez puede volverlos de mente cerrada.

Suponiendo que el propósito de su argumento es cambiar de opinión, en lugar de señalar su propia superioridad, es mucho más probable que logre sus objetivos argumentando gentil y amablemente en lugar de beligerantemente, y afirmando su respeto por la persona, incluso si lo está. Diciéndoles algunas verdades duras. Como beneficio adicional, también se verá mejor para los espectadores.

Avanzando desde los monólogos a la comunicación persuasiva

Cuando te digo que puedes avanzar desde monólogos es porque toda estrategia basada en PNL surge de un diálogo ensayado. Eso ya lo sabes, ya te lo he dicho en capítulos anteriores.

Ahora es momento de que veas cómo puedes lograr máximos avances en la comunicación persuasiva.

"La persuasión eficaz se convierte en un proceso de negociación y aprendizaje a través del cual un persuasor lleva a sus colegas a la solución compartida de un problema". Es un proceso difícil y que requiere mucho tiempo.

Cuatro pasos necesarios para una persuasión eficaz

La investigación de Conger indicó que la persuasión eficaz comprende cuatro pasos distintos y necesarios:

Establece tu credibilidad

En el lugar de trabajo, la credibilidad proviene de la experiencia y las relaciones. Se considera que las personas tienen altos niveles de experiencia si tienen un historial de buen juicio o si han demostrado estar bien informadas y bien informadas sobre sus propuestas. Han demostrado con el tiempo que se puede confiar en ellos para escuchar y trabajar en el mejor interés de los demás.

Encuadre sus metas de manera que identifique puntos en común con aquellos a quienes intenta persuadir.
Es un proceso de identificación de beneficios compartidos en el que es fundamental identificar los beneficios tangibles de su objetivo para las personas a las que está tratando de persuadir. Si ninguna ventaja compartida es evidente, es mejor ajustar su posición hasta que encuentre una ventaja compartida. Los mejores persuasores estudian de cerca los temas que les interesan a sus colegas. Utilizan conversaciones, reuniones y otras formas de diálogo para recopilar información esencial.

Son buenos escuchando. Ponen a prueba sus ideas con contactos de confianza y cuestionan a las personas a las que luego convencerán. A menudo, este proceso hace que alteren o comprometan sus propios planes incluso antes de empezar a persuadir. Es a través de este enfoque reflexivo e inquisitivo que desarrollan marcos que atraen a su audiencia.

Refuerce sus posiciones utilizando un lenguaje vívido y evidencia convincente.
Las personas persuasivas complementan los datos con ejemplos, historias, metáforas y analogías para hacer que sus posiciones cobren vida. Las imágenes de palabras vívidas otorgan una calidad convincente y tangible al punto de vista del persuasor.

Conéctese emocionalmente con su audiencia.
Aunque nos gusta pensar que quienes toman las decisiones usan la razón para tomar sus decisiones, siempre encontraremos emociones en juego si rascamos debajo de la

superficie. Los buenos persuasores son conscientes de la primacía de las emociones y responden a ellas de dos formas importantes. En primer lugar, muestran su propio compromiso emocional con el puesto que defienden (sin exagerar, lo que sería contraproducente). En segundo lugar, tienen un sentido fuerte y preciso del estado emocional de su audiencia y ajustan su tono y la intensidad de sus argumentos en consecuencia.

Evita los cuatro grandes errores de persuasión

A partir de su minuciosa investigación, Conger concluyó que los cuatro grandes errores en los principales proyectos de persuasión son:

Intentar presentar su caso con una venta dura por adelantado.

Establecer una posición fuerte desde el principio en realidad les da a los oponentes potenciales algo a lo que agarrarse y contra lo que luchar. Es mucho mejor no darles a los oponentes un objetivo claro al principio.

Resistir el compromiso.

Demasiadas personas ven el compromiso como una rendición, pero el compromiso es esencial para la persuasión constructiva. Antes de que las personas compren una propuesta, quieren ver que el persuasor sea lo suficientemente flexible para responder a sus preocupaciones. Los compromisos a menudo pueden conducir a soluciones compartidas mejores, más sostenibles.

Pensar que el secreto de la persuasión radica en presentar grandes argumentos.

Los grandes argumentos importan, pero son solo un componente. Otros factores son igualmente importantes, como la credibilidad del persuasor y su capacidad para crear una posición de beneficio mutuo para ellos y su audiencia (ganar: ganar), conectarse en el nivel emocional correcto y comunicarse a través de un lenguaje vívido que haga que los argumentos cobren vida. .

Asumir que la persuasión es un esfuerzo de una sola vez.

La persuasión es un proceso, no un evento. Las soluciones compartidas rara vez se alcanzan en el primer intento.

La mayoría de las veces, la persuasión implica escuchar a las personas, probar una posición, desarrollar una nueva posición que refleje los aportes del grupo, más pruebas que incorporen compromisos y luego volver a intentarlo. Si esto parece un proceso lento y difícil, es porque lo es. Pero los resultados merecen el esfuerzo.

Ejercicios y trucos para acelerar su mejora

En este punto, nos vamos acercando al final de este libro y yo no puedo hacer más que emocionarme por imaginar todo el progreso que puedes y debes haber alcanzado.

Sin embargo, la mejor manera de celebrarlo es otorgándote algunas ideas que pueden servirte de ejercicios si las pones en práctica. Ejercicios que solo te conducirán hacia el mejoramiento de tus técnicas de PNL para persuadir.

Encuentra un terreno común

Es una de las antiguas formas de establecer una conexión humana con alguien; encontrar algo en común. Podría ser cualquier cosa, desde disgusto por el mal tiempo / euforia por el clima brillante, un interés compartido, cualquier cosa que demuestre que empatiza con ellos de alguna manera. Ese sentimiento de estar conectado de alguna manera puede usarse como un trampolín para generar confianza.

Muestre cómo puede resolver su problema

Antes de presentar su nuevo contrato propuesto, primero considere cómo beneficiará al proveedor. ¿Qué problemas es probable que les resuelva? Puede averiguarlo mediante la investigación, pero es posible que también deba hacer algunas preguntas y pensar en sus pies durante la negociación.

Una vez que conozca sus principales problemas / preocupaciones, puede mostrar cómo su propuesta los resolverá y beneficiará al proveedor.

Esté preparado para una discusión

Siempre habrá motivos para que el proveedor o la parte interesada se opongan a su propuesta. Esté preparado para estas quejas comunes con una serie de respuestas que las contrarresten. Trate de mirar su tono desde el extremo receptor antes de entrar allí y considere todos los argumentos que podrían surgir en su contra. Ahora considere cómo puede responder para persuadirlos de que estén a favor, no en contra.

Persistir, persistir y persistir un poco más

Continúe llegando a aquellas personas que aún no están de acuerdo con su propuesta. Por miedo a molestar a las personas, a menudo nos reprimimos cuando alguien dice que no la primera o la segunda vez. Pero la perseverancia a menudo conduce a una victoria si lo cronometra correctamente y adopta el enfoque correcto.

Las circunstancias cambian a menudo, por lo que contactar con regularidad a personas que anteriormente se han mostrado reacias puede significar un cambio de opinión.

La investigación es clave

Las personas se preocupan por sí mismas, no importa cuánto lo nieguen. Por lo tanto, tómese el tiempo para investigar a las personas clave con las que tratará durante la negociación. Utilice su nuevo conocimiento sobre ellos para conectarse a nivel personal.

Podría ayudarlo a encontrar ese terreno común mencionado en el punto uno. La gente también se sentirá amable con usted al saber que se ha tomado el tiempo y el interés en su vida / trabajo. Esto los hará más abiertos a lo que tienes que decir.

También es impresionante para los empresarios si recuerda las cosas de las que hablaron la última vez que los vio. Siempre que aprenda algo sobre una persona, como su restaurante favorito, los nombres de sus hijos y parejas, adónde iban de vacaciones, tome nota. Mantenga una base de datos de información como esta junto con su investigación y consúltela la próxima vez que se encuentre con esa persona. Profundizará su conexión con ellos y los hará más cálidos.

Use el nombre de la persona

Es una respuesta subconsciente muy básica cuando escuchas tu propio nombre para ser más receptivo. Algunos de los líderes más persuasivos del mundo introducirán el nombre de una persona en la conversación lo suficiente para construir su ego, pero no lo suficiente para que parezca obvio. Pruébelo en su próxima negociación y observe cómo difiere la respuesta de la persona.

"Reflejar" a la persona

Numerosos estudios han revelado que no solo nos comunicamos a través de nuestras palabras, sino también a través de nuestro cuerpo. El lenguaje corporal puede ser una parte clave de nuestras habilidades de influencia y cómo reacciona una persona a lo que está diciendo.

A los vendedores se les enseña a usar una técnica llamada "espejo" para generar confianza entre ellos y el cliente. Esto implica analizar el lenguaje corporal del cliente y ajustar sutilmente el suyo para que coincida con él de determinadas formas. Esto ayuda a establecer una buena relación con la persona con la que está hablando, lo que hará que sea más fácil persuadirla.

Todo es cuestión de confianza

Tener confianza, pero no arrogancia, en los negocios es clave para el éxito. Si demuestras confianza en ti mismo y en lo que estás diciendo, esto animará a las personas a sentirse confiadas en ti / en lo que estás proponiendo también.

SEGUNDA PARTE: Introducción a La Psicología Oscura

Tengo tantas cosas por decirte, que me es difícil decidir por dónde comenzar. Lo primero que quiero hacer es agradecerte por el hecho de que hayas tomado la decisión de adquirir mi libro y seguir leyendo hasta este punto, pero ese agradecimiento viene con felicitaciones incluidas, las mismas que luego se transforman en muchos otros agradecimientos.

Te agradezco por brindarme la oportunidad de llegar a ti, por tomarte el tiempo de leer todo el contenido sobre las técnicas de persuasión prohibida y ahora sobre la manipulación oscura.

Este bundle es algo que con mucho esfuerzo y dedicación he escrito para ti, pero también te felicito por tomar la decisión de crecer como persona, porque todo el que adquiera este libro es porque tiene el objetivo de mejorar de una u otra manera, al mismo tiempo que también me ayudas a crecer a mí también.

¿Por qué digo esto? Porque cada persona que lea esto me enseñará muchas cosas de diferentes maneras. Algunos tendrán el tiempo de dejar un comentario, otros solo aplicarán en su vida cotidiana los conocimientos adquiridos a través de estas páginas, pero muchos otros, y entre ellos muy seguramente estés tú, me dejarán un gran aprendizaje, mostrándome en qué puedo mejorar, en qué aspectos puedo realizar un mejor aporte a mis lectores, y en qué cosas puedo corregir lo que hago para estar cada vez más cerca del camino adecuado.

Ahora, entrando en materia acerca de lo que trata esta segunda parte de este libro, te quiero preguntar: **¿Alguna vez has escuchado la palabra "maquiavélico"?** ¿Sabes a qué refiere ese término?

Seguramente lo primero que llega a tu mente es maldad. A menudo asociamos esa calificación con algo oscuro, con algo negativo, totalmente maligno, y la verdad es que yo más bien diría que lo maquiavélico, más que algo malvado, es realmente algo frívolo, algo calculado.

¿Sabes de dónde proviene esa palabra? Su origen se debe a Nicolás Maquiavelo, un reconocido filósofo que escribió varios libros que hoy forman pilar fundamental en la historia de la humanidad. Algunos de los libros de Nicolás Maquiavelo figuran entre las bibliotecas personales de muchos líderes mundiales, y hay uno en específico, un tratado filosófico que explica cómo deben manejarse ciertas situaciones en la guerra y en los gobiernos.

Ese libro de Nicolás Maquiavelo del que te estoy hablando, se llama El Príncipe, y de todas las teorías que expone, lo más trascendental es una frase que seguramente has escuchado o leído millones de veces sin saber quién es su autor:

"El fin justifica los medios"

En su libro, en muchos pasajes y especialmente en esa frase, el autor nos invita a reflexionar acerca de nuestros propios objetivos, a dejar de lado los juicios morales, a entender que nuestros propósitos están por encima de cualquier concepto acerca de lo que está bien o está mal.

Dicho de otro modo: con esa frase, Maquiavelo nos invita al concepto de que lo que sea que hagamos para alcanzar nuestras metas, está bien.

Eso suena terrible, lo sé. Tan terrible como la manipulación, tan terrible como engañar a alguien, como mentir o hacer creer algo que no es cierto, solo para lograr que los demás hagan lo que queremos.

Eso es la psicología oscura, eso es la manipulación.

Yo no quiero entrar en el debate de si las personas son buenas o malas, a mí me gusta más la teoría de que todas las personas somos grises y que nuestras acciones pueden resultar negativas o positivas, según la perspectiva de cada quien.

En una de las famosas películas de Batman, protagonizada por Christian Bale, el personaje de Katie Holmes le dice algo como: "no son tus acciones las que te definen, sino quién eres en tu interior".

Esa última frase me lleva a preguntarte algo: ¿Te conoces realmente? ¿Sabes quién eres en tu interior?

En este libro yo quiero ayudarte de muchas maneras, te quiero contar todo lo que he vivido y sobre todo, aquello de lo que he aprendido mucho. No todo ha sido victorias, desde luego que he conocido de primera mano al fracaso, al rechazo, a la derrota, pero he sabido aprender de cada tropiezo para poder seguir adelante.

Uno de los mayores golpes que me ha dado la vida, fue descubrir que en varias etapas de mi existencia estuve rodeado de personas que usaron la psicología oscura y la manipulación en mi contra. Ahora que conozco las técnicas y que sé cómo identificar esas acciones, me siento más seguro y confiado de mí mismo, al mismo tiempo que he aprendido a decir que no.

Mi principal objetivo es compartir contigo lo que yo sé sobre la psicología oscura, todo para que lo apliques a tu favor, pero no para que te aproveches de las personas, sino para que aprendas a identificar todo aquello que no te conviene.

Como te decía hace algunos párrafos, la psicología oscura y la manipulación son consideradas maquiavélicas, pero yo prefiero llamarles como cuestiones frívolas, donde la persona no piensa en los demás sino en sí mismo y en sus objetivos.

Ahora quiero seguir haciéndote preguntas, porque como ya te dije, yo también aprendo mucho de ti a través de este libro.

¿Alguna vez has sentido que te han engañado de forma premeditada? ¿Has sentido que alguna vez una persona ha sabido usar sus palabras, sus gestos y otros elementos para hacer que tú hagas lo que él o ella desean?

Eso se llama manipulación, eso podría ser considerado psicología oscura. Cuando una persona sabe qué decir y qué hacer para causar un efecto preciso en alguien, eso es premeditado. Y atención a algo: son personas que saben lograr que hagas las cosas sin pedírtelas.

La manipulación no siempre es tan grave como creemos, o mejor dicho, a veces puede llegar de quien menos lo creemos en los momentos menos esperados, y es allí cuando no le damos mucha importancia.

¿Te ha pasado que un niño llora frente a ti para que hagas lo que él quiere? Eso puede ser considerado manipulación. Pero no es de eso que te quiero hablar, yo prefiero enfocarme en el tema de la complejidad, y aquí te diré una gran verdad:**no es lo mismo algo complejo que algo complicado.**

Complicado es tratar de sobrevivir con $200 USD en una situación en la que necesitas 2.000. Complicado es tratar de recorrer 100.000 KM en menos de 30 minutos. Lo complejo es otra cosa, o a decir verdad, muchas cosas.

Suena un poco enredado, lo sé. Pero una vez que lo comprendes, empiezas a entender todo, y allí es cuando puedes descifrar la manipulación. Solo te puedes defender de la manipulación y de la psicología oscura si comprendes todos los elementos presentes en ella.

El principio de la complejidad es una teoría académica que la han desarrollado autores como Rolando García o Edgar

Morín, ellos han manejado a su vez el principio de la holística que habla de que para entender un todo hay que estudiar sus partes, y para entender las partes de un todo es necesario entender el universo completo de ese todo.

La ecología juega un papel fundamental, la ecología habla de las cosas que se necesitan entre sí para poder funcionar. En la psicología oscura, las personas que te manipulan usando técnicas para ello, lo hacen siguiendo un método, ese método tiene una serie de pasos, a esa serie de pasos le llamamos proceso.

El proceso es el todo, y los pasos son las partes de ese todo. Si comprendes los pasos en los que te van manipulando, te darás cuenta de que te están aplicando la psicología oscura, y si comprendes la psicología oscura, sabrás identificar esos pasos cuando los estén usando contra ti.

Lo más interesante de todo es cuando entra en juego el concepto de la sinergia. La sinergia dice que un todo es mayor que la suma de sus partes. Es decir, aquí es cuando 1 + 1 puede ser 3, o 4 o incluso mucho más.

Esto, una vez más, puede parecer alocado. Es solo una manera metafórica de decirte que las partes de un todo son importantes, pero una vez que trabajan juntas, son todavía más valiosas.

Conocer una a una todas las características de la psicología oscura, puede ser algo muy valioso, pero si realmente las conoces en detalle, si comprendes cómo operan, cómo funcionan, podrás descubrir al instante cualquier rasgo de manipulación, y eso te permitirá evitar ser víctima de ese fenómeno.

Ahora, aquí solo te estoy contando por qué he escrito este libro y de qué trata. En los capítulos que continúan, tendrás un verdadero encuentro con mi experiencia y mi conocimiento, que una vez que se junte con los tuyos, tendrás frente a ti todo un cúmulo de energía positiva que te ayudará a hacerle frente a la psicología oscura e incluso utilizarla de manera positiva a tu favor.

Ahora, entrando en detalle acerca de la estructura del libro, trataré de ser breve para no hacerte spoiler, para que seas tú mismo quien descubra esta aventura.

Se trata de un libro de 8 capítulos que he escrito tratando de exponer mis ideas de manera organizada, pensando en ir desde lo elemental hasta lo más complejo, sin dejar de lado lo anecdótico que te hará sentir en confianza, pero también incluyendo teorías y postulados científicos que le den valor a lo que comparto contigo.

Así que nada, ojos a la obra, que este viaje apenas empieza.

¿Qué Es La Psicología Oscura?

Como lo dije en la introducción, lo mejor siempre será comenzar por el principio. Cuando comenzaste a leer este libro lo hiciste porque tenías una necesidad en particular, un objetivo: aprender sobre el arte de la manipulación, pero no para hacer el mal, sino más bien para saber defenderte de él, para saber identificar a las personas que utilizan la psicología oscura como una estrategia de persuasión.

Ese objetivo desde luego viene acompañado con una intención principal, aprender no solo a identificar el fenómeno, sino también a defenderte él. Ahora, nada de eso se logra si no sabemos muy lo que es la psicología oscura.

La psicología oscura es una especie de categoría que se utiliza para clasificar ciertas conductas, c ciertas manera de actuar que tienen algunas personas. Decimos que la psicología oscura que es lo que define la personalidad de alguien cuya mentalidad es maquiavélica.

¿Recuerdas cuando en la introducción te pregunta si conocía el término "maquiavélico"? Bueno, es momento de entrar ahora en detalle acerca de lo que eso significa, en la actualidad, mucho más allá de su origen que ya sabes que se refiere al filósofo Nicolás Maquiavelo.

La psicología oscura es una serie de técnicas y estrategias aplicadas por una persona con la intención de alcanzar sus objetivos, sin importar que para ello tenga que manipular a otras personas.

En esa definición que te acabo de dar es donde se ve el carácter maquiavélico de la psicología oscura, allí te das cuenta de que una persona que utilice la psicología oscura es una persona egoísta, manipuladora, y al mismo tiempo ambiciosa y muy enfocada, que no deja que nada se interponga entre ella y su objetivo.

Ahora, continuando con la intención de definir la psicología oscura, debo decirte algo muy importante: no pierdas tiempo tratando de encontrarla en libros académicos, no la encontrarás, al menos no de la manera que esperas, porque muchos tradicionalistas no la consideran como una rama de la psicología, de hecho tratan de hacer ver que la psicología oscura no existe, pero cuando veas todo lo que tengo por explicarte, verás que tú mismo podrás dar testimonio de lo que es psicología oscura.

Entonces, hagámonos la pregunta:

¿Qué es la psicología oscura?

La psicología oscura es el arte y la ciencia de la manipulación y el control mental. Si bien la psicología es el estudio del comportamiento humano y es fundamental para nuestros pensamientos, acciones e interacciones, el término psicología oscura es el fenómeno mediante el cual las personas usan tácticas de motivación, persuasión, manipulación y coerción para obtener lo que quieren.

Mientras trabajaba en mi doctorado y estudiaba psicología anormal, me encontré con un término llamado "La tríada oscura" que se refiere a lo que muchos criminólogos y psicólogos señalan como un predictor fácil de comportamiento delictivo, así como de relaciones problemáticas y rotas.

El Trípode que sostiene la psicología oscura

Narcisismo: egoísmo, grandiosidad y falta de empatía.

Maquiavelismo: utiliza la manipulación para engañar y explotar a la gente y no tiene sentido de la moralidad.

Psicopatía: a menudo encantador y amigable, pero se caracteriza por la impulsividad, el egoísmo, la falta de empatía y la falta de remordimiento.

Ninguno de nosotros quiere ser víctima de manipulación, pero sucede con bastante frecuencia. Es posible que no estemos sujetos a alguien específicamente en la Tríada Oscura, pero la gente normal y corriente como tú y yo nos enfrentamos a tácticas de psicología oscura a diario.

Estas tácticas se encuentran a menudo en comerciales, anuncios de Internet, técnicas de ventas e incluso en los comentarios de nuestro gerente. Si tiene hijos (especialmente adolescentes), definitivamente experimentará estas tácticas a medida que sus hijos experimenten con comportamientos para obtener lo que quieren y buscar autonomía. De hecho, la manipulación encubierta y la persuasión oscura a menudo son utilizadas por personas en las que confías y amas. Estas son algunas de las tácticas más utilizadas por la gente común y corriente.

Amor prefabricado: cumplidos, afecto a alguien para hacer una solicitud.

Mentir: exageración, falsedades, verdades parciales, historias falsas.

Negación del amor: atención y afecto

Abstinencia: evitar a la persona o el tratamiento silencioso

Restricción de elección: dar ciertas opciones de elección que distraen de la elección que no desea que alguien haga.

Psicología inversa: dile a una persona una cosa o que haga algo con la intención de motivarlos a hacer lo contrario, que es realmente lo que deseas.

Manipulación semántica: uso de palabras que se supone que tienen una definición común o mutua, pero el manipulador luego le dice que tiene una definición y comprensión diferentes de la conversación. Las palabras son poderosas e importantes.

El propósito de este libro, además de muchas otras cosas, es recordarnos a todos lo fácil que es caer en el uso de estas tácticas para obtener lo que queremos. Quiero desafiarte a que evalúe tus tácticas en todas las áreas de la vida, incluido su trabajo, liderazgo, relaciones románticas, paternidad y amistades.

Mientras que algunas personas que usan estas tácticas oscuras saben exactamente lo que están haciendo y tienen la intención de manipularlo para obtener lo que quieren, otras usan tácticas oscuras y poco éticas sin ser plenamente conscientes de ello. Muchas de estas personas aprendieron las tácticas durante la infancia de sus padres. Otros aprendieron las tácticas en su adolescencia o en la edad adulta por casualidad. Usaron una táctica de manipulación sin querer y funcionó. Consiguieron lo que querían. Por lo tanto, continúan usando tácticas que les ayuden a salirse con la suya.

En algunos casos, las personas están capacitadas para usar estas tácticas. Los programas de formación que enseñan tácticas de persuasión y psicológicas oscuras y poco éticas suelen ser programas de ventas o marketing. Muchos de estos programas utilizan tácticas oscuras para crear una marca o vender un producto con el único propósito de servir a ellos mismos oa su empresa, no al cliente. Muchos de estos programas de capacitación convencen a las personas de que usar estas tácticas está bien y es para beneficio del comprador. Dado que, por supuesto, sus vidas serán mucho mejores cuando adquieran el producto o servicio.

¿Quién usa la psicología oscura y las técnicas de manipulación?

Más adelante en este libro te estaré contando con mucho más detalle, todo lo relacionado con las características de las personas manipuladoras, que son quienes usan la psicología oscura mayormente. En ese apartado del libro podrás aprender a detectar la manipulación apenas la tengas frente a ti, algo que sucede con mucha más frecuencia de que pudieras creer o desear.

Por ahora, respondamos la interesante pregunta que acabo
de traer a colación algunas pocas líneas más arriba, veamos
algunos tipos de personalidades que suelen usar la psicología
oscura y la manipulación:

Tipos de Personalidad Donde Prevalece La Psicología Oscura

Narcisistas: las personas que son verdaderamente narcisistas
(que cumplen con el diagnóstico clínico) tienen un sentido
inflado de autoestima. Necesitan que otros validen su
creencia de ser superiores. Sueñan con ser adorados y
adorados. Usan tácticas de psicología oscura, manipulación y
persuasión poco ética para mantener.

Sociópatas: las personas que son verdaderamente sociópatas
(que cumplen con el diagnóstico clínico), a menudo son
encantadoras, inteligentes, pero impulsivas. Debido a la falta
de emocionalidad y capacidad para sentir remordimiento,
utilizan tácticas oscuras para construir una relación
superficial y luego se aprovechan de las personas.

Abogados: algunos abogados se concentran tan
intensamente en ganar su caso que recurren al uso de
tácticas de persuasión oscura para obtener el resultado que
desean.

Políticos: algunos políticos utilizan oscuras tácticas
psicológicas y oscuras tácticas de persuasión para convencer
a la gente de que tienen razón y obtener votos.

Personal de ventas: muchos vendedores se concentran tanto en lograr una venta que utilizan tácticas oscuras para motivar y persuadir a alguien para que compre su producto.

Líderes: algunos líderes usan tácticas oscuras para lograr el cumplimiento, un mayor esfuerzo o un mejor desempeño de sus subordinados.

Oradores públicos: algunos oradores usan tácticas oscuras para aumentar el estado emocional de la audiencia sabiendo que esto lleva a vender más productos al fondo de la sala.

Gente egoísta: puede ser cualquiera que tenga una agenda propia antes que los demás. Utilizarán tácticas para satisfacer sus propias necesidades primero, incluso a expensas de otra persona. No les importan los resultados de ganar-perder.

Sí, lo s, me he golpeado a mí mismo entre los ejemplos. Como escritor y persona involucrada en la venta de servicios, también pertenezco a esta categoría. Es por eso que debo recordarme a mí mismo que trabajar, escribir, hablar y vender con carácter requiere que evite las tácticas manipuladoras y coercitivas.

Cuando estoy facilitando programas de capacitación sobre motivación para líderes empresariales, a menudo me preguntan cuál es la línea divisoria entre las tácticas psicológicas oscuras y las tácticas de influencia ética y persuasión. Algunas de estas personas admiten plenamente que utilizan estas prácticas con frecuencia o que sus organizaciones les exigen que utilicen prácticas oscuras como parte de los procesos de la empresa para conseguir y mantener clientes.

Esto es realmente desafortunado y, aunque conduce a ventas e ingresos a corto plazo, en última instancia generará desconfianza, malas prácticas comerciales, poca lealtad de los empleados y, a largo plazo, resultados comerciales menos exitosos.

Para diferenciar entre las tácticas de motivación y persuasión que son oscuras y las que son éticas, es importante evaluar su intención. Debemos preguntarnos a nosotros mismos si las tácticas que estamos usando tienen la intención de ayudar a la otra persona. Está bien que la intención también lo ayude, pero si es únicamente para su beneficio, puede caer fácilmente en prácticas oscuras y poco éticas.

Tener un resultado mutuamente beneficioso o en el que todos ganen debe ser el objetivo. Sin embargo, debe ser honesto consigo mismo y creer que la otra persona se beneficiará realmente. Un ejemplo de esto es un vendedor que cree que todos se beneficiarán de su producto y la vida será mucho mejor para el cliente debido a la compra. Un vendedor con esta mentalidad puede caer fácilmente en el uso de tácticas oscuras para mover a la persona a comprar y usar una mentalidad de "el fin justifica los medios". Esto abre a la persona a todas y cada una de las tácticas para obtener la venta.

Podemos formularnos las siguientes preguntas para medir nuestra intención y nuestras técnicas de motivación y persuasión:

¿Cuál es mi meta en esta interacción? ¿Quién se beneficia y de qué forma?

¿Me siento bien con la manera en que abordo la interacción?

¿Estoy siendo totalmente sincero?

¿El resultado de esta interacción le dará beneficio a largo plazo a la otra persona?

¿Las técnicas que utilizo llevarán a una relación de mayor confianza con la otra persona?

¿Quiero ser verdaderamente exitoso en el liderazgo, relaciones, paternidad, trabajo y otras áreas de la vida?

Luego de hacerte todas esas preguntas, reflexiona un poco sobre las respuestas. Trata de ser honesto contigo mismo, eso te llevará a entender lo que estás haciendo y el camino que estás tomando, para luego establecer una evaluación final, algo general que ya no será entender cada detalle de tu vida y tus acciones sino el todo como un global.

Yo sé que insisto mucho con el tema de estudiar las partes y el todo, pero una vez que lo empieces a hacer entenderás muchas cosas tú también.

Ahora, ¿Listo para la próxima parada paso en este viaje de psicología oscura? Bien, sigamos.

Los Rasgos Fundamentales de La Psicología Oscura

Aquí quiero admitir que me he esforzado muchísimo para lograr un equilibrio entre lo que quiero contarte y las teorías científicas que lo avalan. Yo no quiero decir algo por tan solo decirlo, quiero argumentar con base científica, muy a pesar de que varios psicólogos no toman a la psicología oscura como una rama.

Dicho esto, quiero decirte también mi manera de ver el mundo, yo pienso que toda la humanidad tiene el potencial de victimizar a otros humanos y criaturas vivientes. Mientras que muchos refrenan o subliman esta tendencia, algunos actúan sobre estos impulsos.

La psicología oscura busca comprender esos pensamientos, sentimientos, percepciones y sistemas de procesamiento subjetivo que conducen a un comportamiento depredador que es antitético a la comprensión contemporánea del comportamiento humano.

La psicología oscura asume que los comportamientos criminales, desviados y abusivos son intencionales y tienen alguna motivación racional orientada a objetivos el 99,99% del tiempo. Es el 0,01% restante, partes de la psicología oscura de la teoría adleriana y la teleología. La psicología oscura postula que hay una región dentro de la psique humana que permite a algunas personas cometer actos atroces sin un propósito. En esta teoría, se toma muy en cuenta a la Singularidad Oscura.

La psicología oscura postula que toda el mundo tiene una reserva de intenciones malévolas hacia los demás que van desde pensamientos muy poco intrusivos y fugaces hasta comportamientos desviados psicopáticos puros, sin ninguna racionalidad.

Los factores preponderantes que actúan como aceleradores y / o atrayentes para acercarse a la Singularidad Oscura, y donde las acciones atroces de una persona caen en ese fenómeno, es lo que la Psicología Oscura llama Factor Oscuro.

Teorías Para Entender Los Rasgos de La Psicología Oscura

A continuación te muestro breves introducciones a estos conceptos. La psicología oscura es un concepto con el que este escritor se ha enfrentado durante quince años. Sólo recientemente ha conceptualizado finalmente la definición, filosofía y psicología de este aspecto de la condición humana.

"La psicología oscura no es solo el lado oscuro de nuestra luna, sino el lado oscuro de todas las lunas combinadas".

Michael Nuccitelli ,Psy.D .

La psicología oscura abarca todo lo que nos hace quienes somos en relación con nuestro lado oscuro. Todas las culturas, todas las religiones y toda la humanidad padecen este cáncer proverbial. Desde el momento en que nacemos hasta el momento de la muerte, hay un lado que acecha dentro de nosotros todo lo que algunos han llamado malvado y otros han definido como criminal, desviado y patológico.

La Psicología Oscura introduce una tercera construcción filosófica que ve estos comportamientos diferentes de los dogmas religiosos y las teorías de las ciencias sociales contemporáneas.

"Es el individuo que no está interesado en sus semejantes quien tiene las mayores dificultades en la vida y causa el mayor daño a los demás. De entre esos individuos surgen todos los fracasos humanos." Alfred Adler

Se dice que hay personas que cometen estos mismos actos y no lo hacen por poder, dinero, sexo, retribución o cualquier otro propósito conocido. Cometen estos horribles actos sin un objetivo. Simplificado, sus fines no justifican sus medios. Hay personas que violan y dañan a otros por el simple hecho de hacerlo. Dentro de todos nosotros está este potencial.

El potencial de dañar a otros sin causa, explicación o propósito es el área que explora este escritor. Las Psicología oscura asume que este potencial oscuro es increíblemente complejo e incluso más difícil de definir.

Con ese concepto, podemos decir que todos tenemos el potencial de comportamientos depredadores y este potencial tiene acceso a nuestros pensamientos, sentimientos y percepciones.

Como verás en este libro, todos tenemos este potencial, pero solo unos pocos actuamos sobre él. Todos hemos tenido pensamientos y sentimientos, en un momento u otro, de querer comportarnos de manera negativa. Todos hemos tenido pensamientos de querer lastimar a otros, sin piedad. Si es honesto consigo mismo, debes aceptar que has tenido esos pensamientos y sentimientos de querer cometer actos atroces.

Dado el hecho, nos consideramos una especie benevolente; uno quisiera creer que creemos que estos pensamientos y sentimientos serían inexistentes. Desafortunadamente, todos tenemos estos pensamientos y, afortunadamente, nunca actuemos sobre ellos.

La psicología oscura plantea que hay personas que tienen estos mismos pensamientos, sentimientos y percepciones, pero actúan sobre ellos de manera premeditada o impulsiva. La diferencia obvia es que actúan sobre ellos, mientras que otros simplemente tienen pensamientos y sentimientos fugaces de hacerlo.

La religión, la filosofía, la psicología y otros dogmas han intentado de manera convincente definir la psicología oscura. Es cierto que la mayor parte del comportamiento humano, relacionado con las acciones malvadas, tiene un propósito y está orientado a objetivos, pero la Psicología Oscura asume que hay un área donde el comportamiento intencionado y la motivación orientada a objetivos se vuelven nebulosos.

Hay un continuo de victimización de la Psicología Oscura que va desde los pensamientos hasta la desviación psicopática pura sin ninguna racionalidad o propósito aparentes. Este continuo, **Dark Continuum**, ayuda a conceptualizar la filosofía de la Psicología Oscura.

La Psicología Oscura aborda esa parte de la psique humana o la condición humana universal que permite e incluso puede impulsar el comportamiento depredador.

Algunas características de esta tendencia conductual son, en muchos casos, su falta de motivación racional obvia, su universalidad y su falta de previsibilidad.

Esto que te he dicho hasta aquí explica que la condición humana universal es diferente o una extensión de la evolución. Veamos algunos principios muy básicos de la evolución. Primero, considere que evolucionamos de otros animales y actualmente somos el modelo de toda la vida animal.

Nuestro lóbulo frontal nos ha permitido convertirnos en la criatura ápice. Supongamos ahora que ser criaturas ápice no nos aleja por completo de nuestros instintos animales y naturaleza depredadora.

"Cuanto mayor es el sentimiento de inferioridad que se ha experimentado, más poderoso es el impulso de conquista y más violenta la agitación emocional". Alfred Adler

Suponiendo que esto sea cierto si se suscribe a la evolución, entonces cree que todo comportamiento se relaciona con tres instintos primarios. El sexo, la agresión y el impulso instintivo de autosuficiencia son los tres impulsos humanos primarios.

La evolución sigue los principios de la supervivencia del más apto y la replicación de la especie. Nosotros y todas las demás formas de vida nos comportamos de una manera para procrear y sobrevivir.

La agresión ocurre con el propósito de marcar nuestro territorio, proteger nuestro territorio y, en última instancia, ganar el derecho a procrear. Suena racional, pero ya no forma parte de la condición humana en el sentido más puro.

Nuestro poder de pensamiento y percepción nos ha convertido tanto en la cúspide de las especies como en la cúspide de la práctica de la brutalidad. Si alguna vez ha visto un documental sobre la naturaleza, este escritor está seguro de que se estremece y siente pena por el antílope despedazado por una manada de leones.

Aunque brutal y desafortunado, el propósito de la violencia se ajusta al modelo evolutivo de auto conservación. Los leones matan para alimentarse, que es necesaria para sobrevivir. Los machos luchan a muerte, a veces, por el rito del territorio o la voluntad de poder. Todos estos actos, violentos y brutales, explica la evolución.

"Los individuos desafiantes siempre perseguirán a otros, pero siempre se considerarán perseguidos". Alfred Adler

Cuando los animales cazan, a menudo acechan y matan a las hembras más jóvenes, débiles o del grupo. Aunque esta realidad suena psicópata, la razón de su presa elegida es reducir su propia probabilidad de lesiones o muerte.

Toda la vida animal actúa y se comporta de esta manera. Todas sus acciones brutales, violentas y sangrientas se relacionan con la teoría de la evolución, la selección natural y el instinto de supervivencia y reproducción.

Como aprenderá después de leer este manuscrito, no existen aplicaciones de la Psicología Oscura cuando se trata del resto de la vida en nuestro planeta. Nosotros, los humanos, somos los que poseemos lo que la Psicología Oscura intenta explorar.

Las teorías de la evolución, la selección natural y los instintos animales, y sus principios teóricos, parecen disolverse cuando miramos la condición humana. Somos las únicas criaturas sobre la faz de la tierra que se alimentan unos de otros sin el motivo de la procreación para la supervivencia de la especie.

Los humanos son las únicas criaturas que se aprovechan de los demás por motivos inexplicables. La Psicología Oscura aborda esa parte de la psique humana o la condición humana universal que permite e incluso puede impulsar el comportamiento depredador.

Ahora, con esto último queda claro que hay algo intrapsíquico que influye en nuestras acciones y es antievolutivo. Somos la única especie que se asesinará entre sí por razones distintas a la supervivencia, el alimento, el territorio o la procreación.

Los filósofos y escritores eclesiásticos a lo largo de los siglos han intentado explicar este fenómeno. Profundizaremos en algunas de estas interpretaciones históricas del comportamiento humano malicioso.

Solo nosotros los humanos podemos dañar a otros con una falta total de motivación racional obvia. La psicología oscura asume que hay una parte de nosotros porque somos humanos, lo que alimenta comportamientos oscuros y viciosos.

Como ves, este lugar o reino dentro de todos nuestros seres es universal. No hay ningún grupo de personas que caminen por la faz de la tierra ahora, antes o en el futuro que no posean este lado oscuro.

La psicología oscura cree que esta faceta de la condición humana carece de razón y racionalidad lógica. Es parte de todos nosotros y no se conoce una explicación.

En la psicología oscura, este lado oscuro también es impredecible. Impredecible en la comprensión de quién actúa sobre estos impulsos peligrosos, y aún más impredecible de los extremos que algunos llegarán con su sentido de misericordia completamente negado.

Hay personas que violan, asesinan, torturan y violan sin causa ni propósito. La Psicología Oscura habla de estas acciones de actuar como un depredador que busca presas humanas sin propósitos claramente definidos.

Como humanos, somos increíblemente peligrosos para nosotros mismos y para todos los demás seres vivos. Las razones son muchas y la psicología oscura intenta explorar esos elementos peligrosos.

Este es el objetivo de los escritores para examinar la naturaleza de la Psicología Oscura y comprender el origen y desarrollo de los fenómenos psicológicos que motivan a los seres humanos a exhibir un comportamiento depredador en ausencia de un motivador racional aparente. Este escritor se da cuenta de que su esfuerzo por tener éxito en esto es casi imposible, pero espera que la Psicología Oscura fomente el interés en una mayor exploración.

Como se mencionó anteriormente, ha habido una plétora de filósofos, grandes pensadores, figuras religiosas y científicas que han intentado conceptualizar de manera convincente la Psicología Oscura. Par mí, la psicología oscura resume todas las teorías y explicaciones anteriores de la brutalidad humana.

Es la afirmación de este escritor que la Psicología Oscura existe universalmente en toda la especie humana y se manifiesta como comportamiento depredador (inclinaciones) sin una aparente motivación racional. Sugiere que el examen de la psicología oscura y su base evolutiva es vital. No sugiere que la Psicología Oscura sea parte de nuestra herencia evolutiva, pero sí cree que es vital investigar la base evolutiva de la Psicología Oscura.

Para ser exactos, me refiero a la base o construcciones rudimentarias que todos poseemos. Esto suena complejo pero son cuestiones básicas de psicología.

A lo largo de este libro verás lo redundante que puedo ser cuando se trata de reforzar los principios básicos de la psicología oscura. Mi objetivo es permanecer enfocado en las construcciones centrales de la psicología oscura, de ese modo podemos desarrollar no solo este capítulo en su base, sino también todo el resto del libro.

Recuerde, la Psicología Oscura es como una telaraña que intenta capturar todas las teorías anteriores de la victimización humana y comunicarlas a otros inspirando conciencia y fomentando la autoconciencia.

Cuantos más lectores puedan visualizar la psicología oscura, mejor preparados estarán para reducir sus posibilidades de ser víctimas de depredadores humanos. Antes de continuar, es importante tener al menos una comprensión mínima de la psicología oscura.

A medida que avance en los manuscritos futuros que amplíen esta estructura, este autor entrará en detalles sobre los conceptos más importantes.

Rasgos Y Principios de La Psicología Oscura

Los siguientes son seis principios necesarios para comprender completamente la Psicología Oscura de la siguiente manera:

1. La psicología oscura es una parte universal de la condición humana. Este constructo ha ejercido influencia a lo largo de la historia. Todas las culturas, sociedades y las personas que residen en ellas mantienen esta faceta de la condición humana. Las personas más benévolas que se conocen tienen este reino del mal, pero nunca actúan sobre él y tienen tasas más bajas de pensamientos y sentimientos violentos.

2. La psicología oscura es el estudio de la condición humana en lo que respecta a los pensamientos, sentimientos y percepciones de las personas relacionadas con este potencial innato de aprovecharse de otros sin razones claras y definibles.

Dado que todo comportamiento es intencional, orientado a objetivos y conceptualizado a través del modus operandi, la Psicología Oscura plantea la noción de que cuanto más se acerca una persona al "agujero negro" del mal prístino, es menos probable que tenga un propósito en las motivaciones.

Aunque este escritor asume que el mal prístino nunca se alcanza, ya que es infinito, la psicología oscura asume que hay algunos que se acercan.

3. Debido a su potencial de mala interpretación como psicopatía aberrante, la Psicología Oscura puede pasarse por

alto en su forma latente. La historia está repleta de ejemplos de esta tendencia latente a revelarse como comportamientos activos y destructivos. La psiquiatría y la psicología modernas definen al psicópata como un depredador desprovisto de remordimiento por sus acciones. La Psicología oscura postula que existe un continuo de severidad que va desde pensamientos y sentimientos de violencia hasta victimización severa y violencia sin un propósito o motivación razonable.

4. En este continuo, la severidad de la Psicología Oscura no se considera menos o más atroz por el comportamiento de victimización, sino que traza una gama de inhumanidad. Un ejemplo simple sería comparar a Ted Bundy y Jeffrey Dahmer . Ambos eran psicópatas severos y atroces en sus acciones. La diferencia es que Dahmer cometió sus atroces asesinatos por su delirante necesidad de compañía mientras Ted Bundy asesinaba y sádicamente infligía dolor por pura maldad psicopática. Ambos estarían más arriba en el Dark Continuum, pero uno, Jeffrey Dahmer , puede entenderse mejor a través de su psicótica y desesperada necesidad de ser amado.

5. Hay un principio de que todas las personas tienen potencial para la violencia. Este potencial es innato en todos los seres humanos y varios factores internos y externos aumentan la probabilidad de que este potencial se manifieste en comportamientos volátiles. Estos comportamientos son de naturaleza depredadora y, a veces, pueden funcionar sin razón. La Psicología oscura asume que

la dinámica depredador-presa es distorsionada por los humanos. La psicología oscura es únicamente un fenómeno humano y no lo comparte ninguna otra criatura viviente. La violencia y el caos pueden existir en otros organismos vivos, pero la humanidad es la única especie que tiene el potencial de hacerlo sin un propósito.

6. Una comprensión de las causas subyacentes y los desencadenantes de la psicología oscura permitiría a la sociedad reconocer, diagnosticar y posiblemente reducir los peligros inherentes a su influencia. Aprender los conceptos de Psicología Oscura tiene una doble función beneficiosa. Primero, al aceptar que todos tenemos este potencial para el mal, aquellos con este conocimiento pueden reducir la probabilidad de que estalle. En segundo lugar, comprender los principios de la psicología oscura se ajusta a nuestro propósito evolutivo original de luchar por sobrevivir.

Una de mis propósitos es aumentar en mis lectores la conciencia de sí mismos, creando un cambio de paradigma de su realidad para mejor, e inspirándolos a educar a otros para que se esfuercen en el camino del aprendizaje para reducir la probabilidad de ser víctimas de aquellos poseídos por fuerzas de la Psicología Oscura. Si has sido víctima del depredador guiado por la Psicología Oscura, no te sientas humillado, porque todos experimentamos alguna forma de victimización en un momento u otro de nuestras vidas.

Todos tenemos un lado oscuro. Es parte de la condición humana pero convino en no ser bien entendido. Una realidad desagradable, la Psicología Oscura nos rodea esperando pacientemente para saltar. Como este escritor ha mencionado anteriormente, la psicología oscura abarca todas las formas de comportamientos crueles y violentos. Solo necesitamos mirar la crueldad sin sentido hacia los animales. Siendo un amante de las mascotas dedicado, el abuso de animales para este escritor es a la vez vicioso y psicópata. Como han sugerido estudios recientes, el maltrato animal se correlaciona con una mayor probabilidad de cometer actos de violencia contra la humanidad.

En el lado más suave del **Dark Continuum** está el vandalismo de la propiedad de otros o los crecientes niveles de violencia en los videojuegos que los niños y adolescentes abogan durante la temporada navideña. El vandalismo y la necesidad de un niño de jugar videojuegos violentos son leves en comparación con la violencia manifiesta, pero son ejemplos explícitos de esta característica humana universal que ilustra la teoría de este escritor. La mayor parte de la humanidad niega y oculta su presencia, pero aún así los elementos de la Psicología Oscura acechan silenciosamente bajo la superficie de todos nosotros.

Es universal y en todas partes de la sociedad. Algunas religiones lo definen como una entidad real a la que llaman Satanás. Algunas culturas creen que los demonios son los culpables de las acciones maliciosas. La más brillante de muchas culturas ha definido la Psicología Oscura como una condición psiquiátrica o engendrada por rasgos genéticos transmitidos de generación en generación.

Yo deseo examinar el origen y la naturaleza de la psicología oscura para comprender cómo la persona promedio y bien socializada puede terminar en las noticias, habiendo cometido una atrocidad que nadie podría haber predicho. En cualquier momento durante el día y durante la noche, desde el comienzo de la historia registrada, las atrocidades infligidas por un humano a otro están ocurriendo infinitamente. Aunque macabro, es asombroso cómo personas aparentemente decentes pueden participar o permitir que ocurran tales horrores.

Miles de estas atrocidades son evidentes a lo largo de la historia. El holocausto durante la Segunda Guerra Mundial y la limpieza étnica que se está produciendo actualmente en los países vecinos son algunos ejemplos. La historia, con los restos de lo que ha causado la psicología oscura, abunda en ejemplos. Como se describió anteriormente, DarkPsychology está viva y bien y requiere una inspección seria. A medida que continúe explorando los principios y la base de la psicología oscura, se desarrollará lentamente un marco cognitivo de comprensión.

El Continuum oscuro

The Dark Continuum es un elemento esencial a comprender en tu paso por el lado oscuro de la humanidad. The Dark Continuum es una línea conceptual imaginaria o círculos concéntricos en los que caen todos los comportamientos criminales, violentos, desviados y sádicos. The Dark Continuum incluye pensamientos, sentimientos, percepciones y acciones experimentadas y / o cometidas por humanos. El continuo varía de leve a severo y de intencional a sin propósito.

Obviamente, las manifestaciones físicas de la Psicología Oscura caen a la derecha del Dark Continuum y son más graves. Las manifestaciones psicológicas de la psicología oscura se encuentran a la izquierda del continuo, pero pueden ser tan destructivas como los actos físicos. The Dark Continuum no es una escala de gravedad, en términos de rango de mal en peor, sino que define tipologías de victimización en los pensamientos y acciones involucradas. Cuando este escritor amplíe aún más su tesis del Dark Continuum, tendrá una línea conceptual ilustrada que representa todas las formas de Psicología Oscura, desde leve y deliberada hasta severa y sin propósito.

El Factor Oscuro

El Factor Oscuro se define como el reino, el lugar y el potencial que existe en todos nosotros y es parte de la condición humana. Este concepto es uno de los términos más abstractos de la psicología oscura, porque es muy difícil de ilustrar a través de la expresión escrita. Según un diccionario en línea, un factor es cualquier cosa que contribuya causalmente a un resultado, es decir, una serie de factores determinaron el resultado. Este escritor intentará extrapolarle de manera convincente cómo Dark Factor se parece a una ecuación.

El factor oscuro no es una ecuación matemática, sino teórica. El factor oscuro es un conjunto de eventos que experimenta una persona, lo que aumenta su probabilidad de participar en un comportamiento depredador. Aunque la investigación ha sugerido que los niños que crecen en hogares abusivos se convierten en abusadores ellos mismos, esto no significa que todos los niños abusados crezcan para convertirse en delincuentes violentos. Esta es solo una faceta de una multitud de experiencias y circunstancias que contribuyen al Factor Oscuro.

La cantidad de elementos que participan en la ecuación del factor oscuro es grande. No es la cantidad de elementos que hacen que Dark Factor se vuelva extremo, sino el impacto que esas experiencias tienen en el procesamiento subjetivo de una persona lo que hace que Dark Factor sea peligroso. Algunas de estas facetas incluyen la genética, la dinámica familiar, la inteligencia emocional, la aceptación de los compañeros, el procesamiento subjetivo y los hitos y experiencias del desarrollo.

La Singularidad Oscura

La **Dark Singularity** es un concepto teórico similar a la definición de singularidad en el centro de un agujero negro. Cuando este escritor intenta ilustrar el concepto de la singularidad oscura, utiliza la astronomía y la cosmología como metáfora para describir este concepto. En astrofísica, la singularidad es el centro absoluto de un agujero negro que es increíblemente pequeño, pero denso en masa más allá de la comprensión matemática. La teoría sugiere que la singularidad es tan densa y poderosa que las leyes modernas de la física y sus ecuaciones matemáticas se entrelazan.

Un agujero negro es la enorme extensión de espacio que rodea la singularidad y, por lo tanto, la luz densa no puede escapar de su alcance. En el centro de todas las galaxias, así como de la nuestra, la Vía Láctea, es un agujero negro todopoderoso con una singularidad infinitamente pequeña en su centro repleto de energía asombrosa. La Singularidad Oscura, tal como se aplica a la Psicología Oscura, es el centro absoluto del universo de la Psicología Oscura. En pocas palabras, la Singularidad Oscura está hecha de una maldad prístina y una malevolencia pura sin adulterar. Más lejos a la derecha del Dark Continuum está la Dark Singularity. Además, parte de la condición humana es la Singularidad Oscura que nadie alcanza jamás. La persona que se acerca más a la Singularidad Oscura es el psicópata avanzado y severo que victimiza a los demás con una motivación o un propósito mínimos para sus acciones.

Debido a que todo comportamiento tiene un propósito, la Singularidad Oscura es un destino teórico nunca alcanzado. La Singularidad Oscura se acerca, pero sin llegar. El centro de Dark Singularity se explica mejor como "Depredadores que cazan sin propósito". Cuanto más se acerca una persona a la Singularidad Oscura, más atroz y malévolo se vuelve su comportamiento. Al mismo tiempo, su modus operandi se vuelve menos útil. Como se dijo, este es un concepto abstracto que este escritor esbozará en sus escritos posteriores.

Un principio psicológico y filosófico que hay que comprender al aventurarse a visualizar cognitivamente, la Singularidad Oscura, es que todo comportamiento es intencional. Este escritor tuvo la suerte de haber completado su doctorado a mediados de la década de 1990 en la Universidad Adler en Chicago, Illinois. Lo que aprendió en esos cuatro años de estudios académicos fueron las teorías y filosofías de Alfred Adler. Alfred Adler fue un médico y psicólogo de principios de siglo, contemporáneo de Sigmund Freud, Carl Jung y también un filósofo increíble.

A través de los estudios de este escritor, comprendió muchas de las teorías de Adler. Hasta el día de hoy, este escritor interpreta su mundo como lo definió Alfred Adler, este gran médico y psicólogo. Adler tenía muchas teorías del comportamiento humano y este escritor integró muchas de ellas durante su construcción de la psicología oscura. Los tres conceptos más valiosos de Adler para desarrollar la teoría de son los siguientes.

Adler creía que todo comportamiento era intencional. Desde el momento en que nacemos hasta el día en que morimos, todo lo que pensamos, sentimos y hacemos tiene un propósito. Nada de lo que iniciamos durante nuestra vida ocurre al azar. Aunque su filosofía puede parecer inicialmente simplista, en realidad es bastante compleja. Con esta premisa en mente, la razón por la que las personas son benevolentes es que le sirve a esa persona serlo porque cosecha las recompensas de la aceptación de sus compañeros, seres queridos y la comunidad.

Los niños a los que se les enseña a ser amables, cariñosos y colaboradores tienen mayores niveles de sentirse aceptados y de formar parte de un grupo. Para Adler, sentirse parte o una fuerte necesidad de aceptación por parte de los demás era el propósito de un comportamiento funcional saludable. Llevando su teoría de que todo comportamiento tiene un propósito al extremo opuesto del espectro, los comportamientos malévolos también tienen un propósito.

Adler postuló que las personas que se comportan de manera hostil o no tolerante responden a un profundo sentimiento de inferioridad. Cuando las personas perciben que no son parte de un grupo social o no las acepta, se mueven en direcciones negativas. A medida que se alejan de su propósito innato de ser parte de una construcción social, más se alejan de tratar a los demás con amabilidad, respeto y dignidad. Bajo este principio, La psicología oscura asume que el 99,99% de todos los comportamientos son intencionales. Como Freud y Jung, Adler se suscribió a la filosofía de la teleología.

Además, a medida que los humanos se desaniman, se aíslan cada vez más y su entorno social se fragmenta cada vez más, más atacan a los demás de manera volátil. Un buen ejemplo y una rápida ilustración sería el psicópata narcisista. El psicópata narcisista es increíblemente egoísta, se deleita en victimizar a los demás y se aprovecha deliberadamente de los demás sin remordimientos. El concepto de comportamiento intencionado es fundamental para la comprensión de la psicología oscura.

Como se mencionó anteriormente, este escritor cree firmemente que todo el comportamiento humano es 99,99% intencionado. El .01% restante es donde se diferencia de Adler. Este .01% es la Singularidad Oscura. De todas las teorías de Adler, la suposición de que todo comportamiento tiene un propósito es vital para comprender la Psicología Oscura, pero varía ligeramente en la forma más severa de comportamiento humano malévolo.

El segundo principio teórico que Adler definió como fundamental para la psicología oscura es el concepto de procesamiento subjetivo. Todos tenemos pensamientos, sentimientos y acciones, en los que las cogniciones y los estados afectivos influyen en el comportamiento. Por el contrario, el comportamiento de una persona influye en sus cogniciones y emociones. Definida como un sistema o lo que Adler llamó una constelación, la tríada o trinidad de la experiencia humana se comprende como un sistema en órbita de pensamientos, sentimientos y comportamientos. Adler agregó el procesamiento subjetivo a este sistema de experiencia humana.

Creía que las experiencias de la infancia, el posicionamiento en el orden de nacimiento, la dinámica familiar, la calidad de la aceptación social y la dinámica de inferioridad versus superioridad funcionaban de una manera para crear la experiencia perceptiva de una persona y su trayectoria de interacción con su mundo.

La forma más sencilla de comprender el procesamiento subjetivo y el marco perceptivo es visualizando un par de gafas de sol. Estos anteojos de sombra filtran la luz y protegen sus ojos de los rayos dañinos del sol. Tus ojos representan la verdadera realidad y las gafas de sol representan tu mecanismo de filtrado que distorsiona la realidad de la dura luz del sol. Por lo tanto, sus "gafas de sol perceptivas" filtran, distorsionan y alteran la forma en que interpreta la información y responde en consecuencia.

Así funciona nuestro procesamiento subjetivo pero aplicado a la condición humana. La realidad existe y ocurre en todo momento a nuestro alrededor. El procesamiento subjetivo filtra nuestra realidad tanto para protegernos como para protegernos de lo que sentimos que puede ser contrario a nuestras metas intencionales.

Si el ser humano se desarrolla en un entorno en el que percibe ser parte, pertenecer y ser aceptado, su mecanismo de filtrado de procesamiento subjetivo permite una entrada mucho más precisa. Una persona socializada en lo que percibe como un entorno desalentador, su procesamiento subjetivo se torna distorsionado y enredado con egoísmo y narcisismo.

En cuanto a la Psicología Oscura, el objetivo es asumir que todas las personas filtran su mundo mediante el procesamiento subjetivo. Aquellas personas que son agresivas, violentas o abusivas llevan un par de proverbiales gafas de sol miopes y borrosas. Estas personas perciben que otros quieren hacerles daño y se mueven para agredirlos o manipularlos primero. Su procesamiento subjetivo distorsiona su decencia común, sus actos de caridad y su abnegación. Los actos de bondad se convierten en experiencias ajenas o se utilizan para manipular su entorno social guiados por un modus operandi egoísta.

El tercer principio valioso para comprender la psicología oscura es la teoría del interés social de Adler. El interés social, postulado por Adler, es la recopilación de percepciones, pensamientos y sentimientos traducidos en comportamientos benevolentes. En pocas palabras, cuanto más una persona se siente aceptada por los demás, más se siente parte de ella, y el mayor sentido de pertenencia se vincula directamente con el interés social de una persona. Las personas con un alto interés social son inherentemente amables, desinteresadas, generosas y receptivas. Todas estas cualidades de interés social solidifican aún más su procesamiento subjetivo para ser positivo y compasivo. Alto interés social equivale a bajo impacto en psicología oscura.

Dado eso, todos tenemos un factor oscuro dentro de nosotros; la persona con un alto interés social mantiene su factor oscuro sometido. Cuanto menor sea el Interés Social, mayor será la probabilidad de que se manifieste el Factor Oscuro. Cuando una persona se siente desanimada, no se siente parte de ella, no experimenta un sentido de aceptación y percibe su mundo como un aislamiento, tiene un mayor riesgo de exhibir reacciones hostiles disfuncionales. En relación con Alfred Adler y el comportamiento intencional, el procesamiento subjetivo y el interés social son fundamentales para comprender la psicología oscura.

La psicología oscura es una construcción teórica compuesta por una recopilación de los principios filosóficos de Alfred Adler, Carl Jung, la experiencia clínica de este escritor como psicólogo, sus experiencias académicas y profesionales como psicólogo forense / criminal, y las muchas discusiones con sus seres queridos y colegas a lo largo de los años con respecto al comportamiento desviado.

Como se mencionó anteriormente en este manuscrito, el objetivo de este escritor es tomar quince años de pensamientos y observaciones y traducirlos para que otros los investiguen. El segundo objetivo, y el más importante, es la esperanza de este escritor de que otros lean su trabajo, investiguen sus postulaciones y las usen para derrotar a aquellos que caminan por la vida buscando dañar, victimizar y brutalizar.

Otros postulan un principio completamente diferente que no es psiquiátrico sino que se define como un agotamiento de la conciencia. Este escritor no dedica mucho tiempo a estudios clínicos o explicaciones académicas, dada la enorme cantidad de trabajo recopilado por quienes estudian la conducta desviada. El enfoque es lanzar una red amplia para cubrir las teorías relevantes que este escritor siente que son muy valiosas para comprender la psicología oscura.

Una parte de la información relevante para comprender la psicología oscura es una descripción general que explora el desarrollo infantil, la dinámica familiar y otros factores que funcionan para formalizar la psicología oscura. Aunque no hay forma de definir exactamente por qué y cómo algunas personas se vuelven hacia el lado oscuro, hay áreas de exploración que ayudan a explicar cómo existen las "leyes de la probabilidad" en el desarrollo del constructo de personalidad antisocial. Otras áreas discutidas incluyen enfermedades psiquiátricas, trastornos de la personalidad y adicción al alcohol / drogas como catalizadores del comportamiento desviado. El abuso psiquiátrico y de alcohol / sustancias no explica el comportamiento violento, pero este escritor coincide en que estos trastornos contribuyen a la comprensión de la psicología oscura.

Las ciencias sociales contemporáneas investigan las áreas de psicopatía, narcisismo y trastornos de la personalidad. Estos perfiles son muy intrigantes y alimentan gran parte del interés en el campo de la psicología forense y criminal. Según la investigación de este escritor, parece haber una combinación intrincada de estos constructos desordenados de tres caracteres que crean personas verdaderamente despóticas. Una vez que este escritor haya presentado la Psicología Oscura a fondo, se proporcionarán explicaciones alternativas para el comportamiento violento. Otro elemento de la psicología oscura discutido incluirá violadores, pedófilos y agresores sexuales sádicos.

En los manuscritos finales que siguen, este escritor se moverá hacia los temas más importantes que definen la Psicología Oscura. Es dentro de estas áreas donde este escritor ofrece consejos sobre cómo aislarse de convertirse en un futuro objetivo para el depredador humano. Una vez que domines la psicología oscura, podrás evaluar las acciones de otras personas como potencialmente peligrosas.

Empleado en salud mental durante los últimos 25 años, trabajando como psicólogo y examinador forense durante 10 años tratando pacientes, evaluando acusados enredados en la corte y aprendiendo todo lo que puede como psicólogo forense, le ha dado a este escritor la oportunidad de ofrecer a los que no están involucrados. en la búsqueda de la psicología oscura, un conjunto de herramientas para la protección.

Recuerde, la Psicología Oscura incluye todos los comportamientos criminales y desviados cometidos sobre otras personas. Aunque muchas personas están intrigadas por la discusión sobre el asesino en serie y el psicópata, la gran mayoría de los depredadores que cazan presas humanas no participan en asesinatos o desviaciones sexuales. Si este escritor hiciera una estimación, pondría el porcentaje de depredadores humanos en aproximadamente el 70% del grupo total de personas que buscan victimizar a otros, pero que no están involucradas en asesinatos o desviaciones sexuales. Se ha estimado que el 30% incluye delincuentes criminales, desviados y violentos donde se planea el contacto físico.

Al comienzo de esta introducción, este escritor presentó lo que él cree que es una sólida teoría del depredador humano. La psicología oscura asume que lo que vive dentro de todos nosotros es una reserva potencial de energía maliciosa violenta. Toda la humanidad se encuentra en algún lugar del

Dark Continuum y la mayoría está en la categoría de sutiles, suaves y con pensamientos fugaces y deficiencias menores. Sin embargo, la realidad es que la Psicología Oscura es un fenómeno universal, y no hay duda de que todos, a veces en nuestras vidas, hemos tenido al menos pensamientos de pura violencia y fantasías depredadoras.

La diferencia es que la mayor parte de la humanidad nunca ha actuado sobre esos pensamientos. La razón es que tenemos una ecuación de factor oscuro baja en comparación con los depredadores. Para ellos, su Factor Oscuro es elevado; influir en ellos para que avancen en una dirección hacia lo que muchos definen como malvado y este escritor define como una trayectoria que se acelera hacia la Singularidad Oscura.

Las teorías de Carl Jung y Alfred Adler fueron una poderosa influencia en la creación de la psicología oscura de este escritor. Se adhiere firmemente a la filosofía de Adler de que el comportamiento tiene un propósito. La única leve divergencia filosófica de Adler es la creencia de este escritor de que todo comportamiento es intencional en un 99,99%. Sostiene el .01% restante como si estuviera dentro del reino del agujero negro de la Singularidad Oscura. El agujero negro de la singularidad es el área del mal al que se acerca el depredador, pero nunca llega.

La Singularidad Oscura es el potencial en todos nosotros para comportarnos como un depredador, cazando presas humanas completa y absolutamente sin propósito. Este escritor también suscribe firmemente la teoría del procesamiento subjetivo de Adler. La psicología oscura y el depredador humano tienen un mecanismo de filtrado perceptivo muy distorsionado. Para ellos, ya no se trata de ser compasivo y amable. Su procesamiento subjetivo colorea todos sus pensamientos, emociones y percepciones con oscuridad y veneno.

En algún momento del desarrollo del depredador humano, éste pone en marcha sus pensamientos y sentimientos y emprende el largo camino de lo que los criminólogos contemporáneos denominan psicopatía. Con el tiempo, su filtro de procesamiento subjetivo se divorcia de experimentar remordimiento. Llegan a percibir que la victimización de los demás es merecida por aquellos que son demasiado ingenuos para protegerse a sí mismos.

Dado que, una gran parte del desarrollo humano rodea la aceptación social, el depredador de alguna manera se mueve hacia la arena donde su Factor Oscuro se convierte en una fuerza activa que alimenta el impulso de la destrucción de otros. Una vez tocado por el reino de la psicopatía, ha entrado en un punto sin retorno.

Así como la luz no puede escapar de un agujero negro, el depredador humano no puede escapar del camino hacia la Singularidad Oscura. Las entrevistas realizadas por analistas forenses y científicos de investigación con psicópatas notorios convictos han demostrado la teoría del movimiento acelerado hacia la Singularidad Oscura.

Los psicópatas no solo han divulgado la percepción de experimentar una sensación de que sus actos malvados se aceleran en frecuencia, sino que también su experiencia de actuar como depredador adquiere una cualidad adictiva. Utilizando la cosmología una vez más como metáfora de la psicología oscura, cuanto más se acerca la materia a un agujero negro, la masa más rápida se acelera y nunca puede alejarse de la asombrosa gravedad del agujero negro. Las entrevistas con psicópatas imitan casi exactamente esta ley universal de la astrofísica.

A medida que la sociedad avanza hacia lo que se define como la era de la información llena de tecnología digital y ciberespacio, la psicología oscura y su impacto en la humanidad se pondrán a prueba a un ritmo mayor. Dado el velo de anonimato que el ciberespacio ofrece a toda la humanidad, la pregunta que queda es si los aspectos nefastos que viven dentro de todos nosotros reconocerán que existe un reino de libre reinado llamado universo digital.

"La Psicología Oscura es el estudio del abismo que hay dentro de todos nosotros, en el que solo unos pocos entran y aún menos salen. Sin un depredador natural que haga que los humanos se reúnan, nos aprovechamos unos de otros".

(Michael NuccitelliPsy.D)

Técnicas de Manipulación Psicológica

Iré directo al grano con algo, en este capítulo haré mis mejores intentos de lograr un equilibrio. Como bien te decía en la introducción, no te digo aquí nada por decirlo, yo te hablo desde mi experiencia y mi aprendizaje, ese que he forjado combinando lo vivido con lo estudiado.

Ahora bien, en este punto de este libro necesito darle credibilidad a todo lo que te estoy planteando, aquí necesito darle peso a todo lo que expongo, por ello he decidido incluir todas las teorías que sustentan mis aportes en este libro.

Dicho de otro modo: aquí te voy a decir las cosas incluyendo teorías y cuestiones un poco más complejas, para que veas que las técnicas usadas por los manipuladores no son algo que se me ocurrió a mí, sino cosas que muchos expertos ya han estudiado, cosas que realmente suceden día tras día y de las que seguramente tú ya has sido víctima.

Pero antes de entrar en lo profundo de las técnicas de manipulación, comencemos por aclarar lo que yo considero como tal. Es bueno saber que puedes llegar a pensar que técnicas de manipulación y tipos de manipulación son una misma cosa, lo cual no es 100 % pero tampoco 100 % falso.

Me explico: las técnicas de manipulación son todas aquellas maneras, todos los métodos que usan las personas para lograr, a través de la psicología oscura, que otras personas satisfagan sus deseos.

Esas técnicas pueden y deben variar según el contexto, no es lo mismo intentar manipular a un cliente para que compre un producto que no necesita, que manipular a un profesor para que otorgue una calificación no merecida.

Entonces, así como existe toda una infinidad de escenarios, desde luego que existen múltiples manera de abordar la psicología oscura para que un manipulador pueda lograr sus objetivos.

Entonces a continuación iré detallando, uno por uno, todos los escenarios en los que un manipulador se puede desenvolver, de la misma manera que iré exponiendo las técnicas utilizadas en dichos contextos, incluso con ejemplos y anécdotas, así como también con algunos consejos para poder hacer frente a cada situación distinta de manipulación en la que se utilicen las técnicas aquí descritas.

Quiero aclarar que cada detalle, tanto de defensa contra la manipulación como de identificación de la misma e incluso rasgos de las víctimas, son aspectos que te presento más adelante en otros capítulos.

Por ahora, nada, a enfocarnos en las técnicas, pero antes definamos muy bien lo que es la manipulación.

La manipulación tiene el concepto de ser una forma de intercambio social, es esa en que se beneficia al manipulador, así es mientras le quita todo al manipulado. Suena crudo, pero es real.

A continuación las técnicas de manipulación social:

Especulación social

Se trata de una forma de manipulación social, pretende inflar la propia contribución y devaluar la contribución de la víctima, sucede como una forma de tomar más de lo que dan. También es una forma de sacar provecho del sistema de intercambio social.

Miremos el ejemplo de la "inflación de la deuda"

Una cosa básica del intercambio social es que las personas que se sienten en deuda con los demás, estarán en la obligación de devolver algo, o eso sentirán.

Esto es lo que Cialdini llamó "reciprocidad" (Cialdini , 1994). Es la reciprocidad, es el sentimiento de endeudamiento que, si alguien nos dio, le debemos algo a ese alguien.

Por ejemplo, El revendedor social te hace sentir en deuda para así poder tener luegomás de lo que da. Lo hace de muchas maneras: Hace que el favor parezca "especial": "*Esto es solo lo hago por ti, por nadie más*" (y luego hace exactamente lo mismo por otros más) Así el favor parece costoso: "*Me tomó muchísimo tiempo. Pero sé que lo necesitas*" (y tal vez le tomó muy poco)

Te recuerda ese antiguo favor:

"*¿Recuerdas esa vez que necesitaste ayuda y yo te la di? Bueno, ahora solo te pido algo de ayuda con esos 500 Euros que necesito*" (y tal vez pensaste que el "*favor*" era parte de la amistad y lo pagaste con dinero)

Contraestrategia para este caso: usa un ejemplo de la vida real de una "deuda inflada" y síguele el juego, usa su misma estrategia.

Existe una forma más justa y no manipuladora de asegurarse de recuperar lo que dio, que la usa es para dejar en claro que esperas algo a cambio

Charla de intercambio honesta: Con ella le permites saber directamente que tendrá que devolver un favor

¿Quieres un ejemplo? Haz como en la película *"El Padrino"*

Padrino: *algún día, y tal vez ese día nunca llegue, te llamaré para hacer un servicio. Pero hasta ese día, acepta esto como regalo de bodas.*

Puede ser molesto que alguien te diga *"me debes una"* o que *"podría tener que llamarte en el futuro"*. Pero al menos, sabes lo que obtienes. Trato justo.

Lanzar La Culpa

La manipulación de la culpa es una de las técnicas más frecuentes, también lo verás más adelante en este libro como uno de los rasgos con los que puedes detectar un manipular.

Esta técnica hace que la víctima de la manipulación, que también podemos llamar como el objetivo del manipulador, se sienta mal por algo que hizo o no hizo, y lo manipula para que actúe para "compensar" sus malas acciones.

Mira ejemplo de texto de la culpabilidad:

La señora intenta hacerme sentir culpable por no haberla sacado del país. Implica que es mi deber dejarla viajar y que, al no hacerlo, soy responsable de su depresión

Obras de lástima

El juego de lástima es una técnica especial de culpabilidad en la que el perpetrador se pinta a sí mismo como desesperadamente indefenso o como una víctima.

En esta técnica, el manipulador utiliza recursos que a mi parecer pueden ser bastante bajos, pero no intentaré establecer juicios de valor al respecto, mejor que seas tú quien determine esos detalles.

El juego de lástima busca hacer que la víctima actúe precisamente "por lástima".

Un mendigo que hace todo lo posible por parecer hambriento y desesperado está utilizando obras de lástima Los juegos de lástima son más efectivos cuando se combinan con el sentimiento de culpa, como dice el juego de lástima

"Soy una víctima por tu culpa, por eso debes sentirte culpable, y por eso tienes que compensarme"

Los juegos de compasión son efectivos como manipulaciones de último recurso. Cuando no tenga absolutamente más apalancamiento, puede optar por un juego de lástima.

Los juegos de lástima, como la mayoría de las otras manipulaciones, pueden usarse para causas potencialmente buenas.

Moralización manipuladora

La moralización manipuladora es una técnica que se vale de conceptos sociales, de valores establecidos en la sociedad, de lo que las comunidades determinan como correcto o incorrecto.

Esta técnica en particular hace que la víctima se sienta culpable por comportamientos o creencias que no se ajustan al conjunto de moral y ética del manipulador.

¿Cómo es la manipulación moralizante?

Fácil, hazte esta pregunta: ¿Quién debe decidir qué es un "buen" conjunto de moral y ética a obedecer? Si es el manipulador quien decide, entonces podría tener un segundo motivo.

Al hacernos sentir mal, el manipulador moralizador busca cambiar nuestro comportamiento para que se ajuste a su ideal de comportamiento "adecuado".

Cuando el manipulador moralizador es bueno en eso, el objetivo se siente "juzgado" mal y "no lo suficientemente bueno". Y así cambian sus creencias y su comportamiento para ajustarse al juicio del manipulador.

La moralización se entrega con mayor frecuencia desde un papel de juez y con un marco de juez, y a veces se lo denomina "vigilancia moral"

Un ejemplo es cuando las mujeres buscan manipular a los hombres para que proporcionen y se comprometan, mientras que los hombres buscan avergonzar a las mujeres para que sean de casta y fieles, lo cual es una forma (comprensible) de protegerse contra posibles "eventos no relacionados con la paternidad".

Ataques de vergüenza

Puedes verlo como un ejemplo de manipulación, como una manera en la que simplemente se da el fenómeno, pero la verdad es que puede llegar a ser mucho más complejo, esta técnica puede ser igual o incluso más premeditada que las otras.

Los ataques de vergüenza son moralizaciones concentradas y poderosas Las personas que buscan el poder, recurren a los ataques de la vergüenza a través de lo que he aprendido de otros expertos a llamar como "programas de juego ardiente".

Ya no quemamos a la gente en Occidente, pero las acciones de poder de las estacas ardientes aún pueden destruir la reputación y el sustento de alguien.

Últimamente este tipo de ataque manipulador se ve mucho en redes sociales. Por ejemplo, si una persona famosa o con cierta influencia en la red, realiza una acción en la que puede ser juzgada, no faltará un manipulador que tratará de exponer esa acción para que esa celebridad o figura pública sienta vergüenza u haga lo que el manipulador desea. Por eso a menudo vemos en al redes sociales términos como *"están quemando a esa actriz por haber hecho esto o aquello"*.

Autor revelación manipulativa

La autor revelación manipuladora ofrece información personal falsa o no solicitada para obtener créditos sociales, los mismos que luego serán explotados para solicitar información más valiosa al objetivo de la manipulación.

La información personal es muy valiosa en los intercambios sociales. La información personal potencialmente empodera al receptor de la información y coloca al dador de información en una posición potencialmente vulnerable. También aumenta la confianza y, potencialmente, aumenta el vínculo y la conexión

Por lo tanto, debido a la naturaleza de intercambio de las relaciones sociales, proporcionar información potencialmente valiosa genera la capacidad de recibir información valiosa.

El manipulador abusa del sistema de intercambio social al compartir información personal falsa o no solicitada, de ese modo ejerce presión sobre el objetivo para que comparta su propia información valiosa.

Alternativamente, si el manipulador tiene un objetivo claro, puede compartir información personal no solicitada, así luego pedir directamente la información jugosa que querían (revelación personal)

Fintas prosociales

Las fintas prosociales alientan a otros a adherirse a un conjunto de reglas prosociales que limitan su libertad personal o perjudican su efectividad en la vida, mientras que el manipulador mismo, o bien falla en esas reglas, o disfruta de más poder porque las personas siguen esas reglas

Las fintas prosociales se basan en la dicotomía entre colaboración grupal y deserción egoísta.

Por ejemplo, si todos fueran prosociales , todos saldrían ganando. Pero si el manipulador puede convencer a otros de que sean prosociales mientras él subrepticiamente defectos, disfruta de ganancias mucho mayores.

Estas ténicas pueden resultar un poco más complejas que otras, no porque sean llevadas a cabo con más determinación, sino porque involucran factores bastante intrínsecos que explicaré con detalle en este apartado de este capítulo.

Existen tres tipos diferentes de técnicas de manipulación prosocial:

Manipular y atacar defectos: El manipulador que aplica esta técnica profesa ideales y comportamientos muy enfocados en lo prosocial. Finge obedecerlos en público pero, en privado y siempre que puede, deserta.

Esta es la que se conoce como la técnica de la doble moral. Un ejemplo puede ser una persona muy prejuiciosa, tal vez religiosa o que representa una autoridad social, que juzga a otros por consumir licor o por fumar cigarrillo, y hace de ello todo un tema frente a otros, pero que luego, a puertas cerradas, hace aquello por lo que critica.

Esta técnica incluye toda una variedad de personajes sociales que la llevan a cabo, desde la señora que siempre critica a las mujeres infieles cuando ella también engaña a su marido, hasta el director de una escuela que castiga a chicos por fumar cigarrillos para luego él hacerlo también a escondidas.

Cumplir y hacer proselitismo: el comportamiento prosocial cuando nadie más es prosocial, puede ser costoso. Por lo tanto, un verdadero creyente trata de reclutar a otros para evitar una pérdida comparativa (nota: permanecer y hacer proselitismo puede ser una opción respetable y de valor agregado en la vida).

Esta técnica puede darse en grupos ya existentes, como una iglesia, un grupo de estudios, etc. Como también puede darse en subgrupos nuevos, como tal vez una madre representante de un niño en una escuela que funda un club y hace que otras madres se sumen, además también de acatar todas sus ideas, haciéndolas pasar por ideales de todo un grupo cuando realmente son solo de ella.

Enmarcar la impotencia como una virtud: el manipulador que usa esta técnica no puede competir en un sistema abierto, por lo que busca promover virtudes y éticas que limitan la capacidad de las personas para lograr ciertos objetivos.

En todos estos casos, el fingidor prosocial, también gana puntos sociales al parecer desinteresado y prosocial.

Dicho de otro modo, un manipulador que usa esta ténica trata de hacer creer que se preocupa mucho por las limitaciones de otros, y la verdad es así. El detalle es que no lo hace de una manera genuina con el fin de aportar algo positivo a quienes manipula, sino que más bien se enfoca en que esas limitaciones siempre existan para poder tener, de muchas manera, control sobre estas personas.

Técnicas de manipulación a favor del grupo

Estas técnicas de manipulación a favor de los grupos alientan a otros a adherirse a un conjunto de valores morales, todos a favor del grupo que limitan o dañan la libertad personal y el poder personal, al tiempo que aumentan la libertad y el poder del manipulador. Dicho de otra manera, le dan todo al líder del grupo y le quitan todo a los otros miembros.

Aquí seré directo una vez más: De todas las técnicas de manipulación, esta es una de las que más me desagradan.

En realidad siquiera son pro-humanidad ni tienen como objetivo proteger los bienes públicos, pero fomentan actitudes agresivas y belicosas hacia un grupo externo, lo que hace que la gente se amargue y enoje.

Aquí hay unos ejemplos

Frases feministas de feministas: alentar a las mujeres a ser fuertes e independientes y, en el peor de los casos, a "no necesitar a un hombre", disminuye las opciones sexuales y de citas de las mujeres.

La manipuladora feminista puede entonces desertar, por ejemplo, ser amable y sumisa con los hombres que le gustan, o disfrutar de una vida amorosa más fácil cuando cada vez más mujeres se desempoderan de los ideales de "mujer fuerte".

En definitiva, cuantas más mujeres pueda convencer, mejor será para ella, y no necesariamente para las mujeres a las que convence.

Pero no nos quedemos solo con ese ejemplo, no quiero sonar controversial ni mucho menos parcializado, solo quise tocar un tema que fuese actual. Entonces vamos con otros ejemplos para que veas cómo la manipulación existe en ambos bandos.

Manipulación en los derechos masculinos por parte de misóginos: los misóginos enojados buscan convertir a más hombres en misóginos enojados para ayudarlos con su campaña contra las mujeres.

Estos misóginos hacen creer que les importan los derechos del hombre, pero realmente solo quieren arremeter contra las mujeres, entonces escoden un interés realmente oscuro en su psicología con la que son capaces de manipular a su antojo.

Técnicas de manipulación patrióticas de los políticos: ¿por qué crees que son los políticos quienes siempre fomentan el patriotismo? Porque cuanto más patriota es la gente, más le da al país. Y cuanto más poder tienen los líderes de esos países, por supuesto.

Técnicas idealistas de manipulación de los generales: el ejército es el más ficticio grupal de todos, con patriotismo, ideales de libertad y democracia, y llamamientos a los "hermanos de armas".

No es sorprendente, ya que a los soldados se les pide que renuncien a sus vidas. Para que el comercio de ese tonto parezca aceptable, necesita toda la manipulación psicológica que pueda reunir.

Más manipulaciones sociales

Hay innumerables manipulaciones sociales, el número es para volverse loco. Déjame decirte algunas:

Que se niegue a negar: proponga algo a lo que están obligados a decir "no", lo que los endeuda socialmente. Luego explote ese crédito social para negar su futuro, solicitud justa.

Técnicas de paz manipuladoras: fingir ser amigable y colaborador cuando no lo eres. Por ejemplo, decirles a los demás que "dejen de estar a la defensiva.

Agresión manipuladora: enojarse, ser agresivo o demasiado dominante para infundir miedo y hacer que el objetivo sea más dócil y sumiso.

El aprendizaje traumático de una sola prueba (Byrch , 2015) es un ejemplo de manipulación agresiva por parte de abusadores manipuladores dentro de relaciones abusivas

Manipulación de la seducción

Un ejemplo clásico aquí es el hombre hipnotizando a una mujer atractiva. Hay tres formas principales de manipular en la seducción.

A ver, esta es bastante frecuenta, en diferentes niveles. Todos la hemos vivido alguna vez, y de manera vergonzosa, debo decir que somos tan víctimas como victimarios, casi con la misma frecuencia.

En esta técnica, el manipulador Infle el propio valor de mercado sexual percibido: uno más alto permite más opciones sexuales, sexo más rápido y parejas de mayor calidad.

Entre las innumerables técnicas de manipulación para un nivel más alto:

Infundir miedo: opciones de alarde, triangulación, juegos de "mis ex novias", etc.

Marcos de juez: cuando los demás demuestran que eres tú, estás a cargo y ellos están persiguiendo tu validación (emocional)

Sexualización: enmarcarse como un amante hábil. Funciona mejor con objetivos desinhibidos y con alto deseo sexual.

Desinfle el valor de mercado sexual percibido por el objetivo: hace que el objetivo sea más flexible para ser seducido.

Fingir química y objetivos comunes: los manipuladores no tienen citas en función de quiénes son, sino que buscan encarnar a la pareja que su objetivo desea.

Manipulación sexual

La técnica que describí anteriormente me da pie a hablar de un tema todavía más profundo, estrechamente relacionado, el de la manipulación sexual.

La manipulación sexual puede parecer un juego y en muchos casos lo es, pero también puede existir un escenario en el que además de ser algo no sano, se puede tonar un asunto realmente peligroso.

Y cuidado con algo, yo aquí ni siquiera estoy incluyendo situaciones realmente tabú, como diferencias de edad y otras cosas, solo hablaré de la manipulación como tal.

Hay dos tipos de manipulación sexual, que son los que te explicaré justo en este momento a continuación:

Manipulación intra-sexual: manipulación destinada a hacer que las personas del mismo sexo sean menos competitivas

Manipulación intersexual: manipulación dirigida a reducir el poder de citas del sexo opuesto.

Algunos ejemplos:

Culturas de lealtad sexual (hombres sobre mujeres): manipulación intersexual a nivel cultural donde los hombres reprimen la libertad de las mujeres de elegir a otro hombre como una forma de controlar más fácilmente a "sus" mujeres

Vergüenza (mujeres con mujeres): las mujeres avergüenzan la promiscuidad en otras mujeres como una forma de controlar más fácilmente a sus parejas (cuanto menos sexo pueda tener su pareja fuera de la relación, más poder tiene ella)

"Códigos de hermanos": O reglas como "no dormir con mujeres casadas". Algunos hombres pueden obedecer esa regla mientras la hacen proselitismo -yo respeto eso-. Pero algunos (también) lo dicen para disminuir las probabilidades de que alguien se acueste con su esposa. Y luego, si tengo la oportunidad con una mujer casada que les guste.

Manipulación de relaciones

Esta es de las más frecuentes hoy en día, de las que más se habla. De hecho en la actualidad está muy en boga utilizar el término "tóxico" para referirse a parejas que son manipuladoras en una relación.

El tema está tan conversado hoy en día que las redes sociales están inundadas de toda clase de contenido, desde las opiniones y conceptos mejores fundamentos, hasta toda clase de chistes y los famosos memes.

La manipulación en las relaciones se puede dividir en:

Atrapar las manipulaciones de la pareja: más útil cuando los novios o esposos tienen diferentes niveles, cuando el nivel de cada uno diverge con el tiempo o cuando uno de los socios comienza a perder interés. La manipulación incluye:

Disminuir la autoestima de una pareja: la pareja con baja autoestima no ve que tiene otras opciones

Aislar a la pareja: convencer o presionar a la pareja para que renuncie a sus amigos y corte los lazos con sus familias.

Aumento de la dependencia de la pareja: convencer a la pareja de que renuncie a su trabajo, junte o divida recursos o los haga emocionalmente dependientes.

Mujer-avergonzada: la pareja masculina abraza y promueve culturas de honores como una forma de avergonzar a su pareja en una fidelidad sin fin.

Adquirir poder en la relación: las buenas relaciones son pesadas en la colaboración, pero los manipuladores prefieren el poder a la colaboración. Muchas técnicas de manipulación de relaciones se basan en la manipulación emocional, que incluyen:

- Menospreciar los logros del socio

- Ignorar los logros del socio
- Reteniendo elogios o admiración
- Minimizar el propio mal comportamiento
- Invalidar los sentimientos de la pareja

Ahora, debo decirte en este punto que existen manipulaciones bien complejas que van más allá de lo psicológico, o mejor dicho, de lo interpersonal y llegan a lo laboral, empresarial, etc.

Yo sé que ya toqué el tema de las técnicas de manipulación donde el contexto es político, pero existe un escenario donde la manipulación es corporativa, más de ambientes laborales empresariales e incluso de marketing y venta, algo que no nos debe sorprender porque al final de cuentas, una venta es una persuasión.

Pero veamos la variedad que hay en este tipo de técnicas de manipulación:

Manipulación de relaciones públicas: la empresa existe para agregar valor a la humanidad y nunca para hacer dinero para los propietarios, pase lo que pase.

Manipulación de la negociación: el negocio se trata de hacer tratos y existe un gran potencial de manipulación en la negociación.

Manipulación de marketing: en el alto nivel, se está desarrollando una asociación emocional con una determinada marca, logotipo o producto.

A nivel táctico, se trata de:

Principio de escasez: pretenda que su producto es limitado. Especialmente efectivo si el producto es escaso por demanda

Marketing subliminal: exagerado por informes inicialmente fabricados, pero puede ser eficaz para aprovechar las asociaciones internas ya presentes (Lindstrom, 2008)

Intimidad fingida: vea un ejemplo a continuación

¿Quieres un ejemplo de manipulación de marketing? Mira:

Me disgustó cuando recibí ese correo electrónico automático de Nel Patel, fingiendo que él personalmente preguntaba por mí. Era demasiado manipulador y una ofensa a la inteligencia del receptor.

Manipulaciones de liderazgo

Las técnicas de los líderes pueden hacer grandes cosas tanto para los individuos como para los grupos, pero los intereses de líderes, grupos e individuos también pueden divergir, lo que hace que la relación líder-seguidor esté lista para la manipulación. Estos son algunos de ellos:

1. Los propietarios manipulan a los empleados para que den más y reciban menos.

Los propietarios dan prioridad a las ganancias sobre el individuo y manipulan a los individuos para que renuncien a sus propios intereses por los objetivos de la empresa.

Existe un conflicto de intereses inherente entre los líderes empresariales y los empleados.

Los propietarios ganan cuando los individuos son desinteresados y abnegados, mientras que los individuos ganan cuando conservan su independencia junto con un sano interés propio.

Una colonia de hormigas que trabajan para las ganancias de los dueños de reinas. El sueño de todo líder empresarial.

Es por eso que casi todas las empresas enfatizan el valor del trabajo en equipo. El mantra del trabajo en equipo es un intento de manipular a las personas para que renuncien a sus propios intereses

Tomemos a Ray Dalio, por ejemplo, quien dice que "*lo que es bueno para el conjunto, es bueno*". Fácil para Dalio, ya que es dueño del conjunto.

Pero lo que es bueno para el conjunto no es necesariamente bueno para el individuo. El empleado quiere ser especial, los propietarios los quieren desechables. El objetivo secreto de la mayoría de los líderes empresariales es hacer que los empleados sean desechables.

Los empleados únicos obtienen poder de negociación y eso no les gusta a los propietarios. Por lo tanto, los propietarios buscan que los empleados sean desechables mientras los manipulan para que se sientan especiales y como parte de una familia especial.

Cuando los empleados se sienten parte de una gran familia, los propietarios pueden sacar más provecho de ellos por menos dinero (para más información sobre la motivación intrínseca, (consulta Pink, 2009)

Algunos líderes aplican técnicas de manipulación como estas:

- Inventando enemigos: la vieja manipulación endogrupo / exogrupo . Crea un enemigo y la gente se vuelve más cohesiva de forma natural (Haslam, 2006).
- Hacer dependientes a las personas: los líderes no quieren arreglar a las personas para siempre, sino que prefieren que dependan del grupo

Los líderes se involucran naturalmente en fintas a favor del grupo Los líderes se involucran mucho en las fintas pro-grupo que discutimos antes.

¿Por qué?

Simple: como líderes de esos grupos, ganan más si todos renuncian al poder personal para empoderar al grupo.

Los líderes a veces ni siquiera tienen que fingir para ser pro-grupo. Es fácil y sin costo para los líderes renunciar a sí mismos por el grupo cuando controlan ese grupo. Pero puede que no sea lo mismo para el individuo. Como regla general, cuanto más fanático e intenso es un líder, más quiere que renuncies a tu poder personal por su propio poder.

Los puristas buscan el liderazgo a través del fanatismo. El manipulador purista elige a un enemigo y realiza un acto de enojo, sorpresa o indignación para verse mejor en comparación y para ganar poder personal al liderar a las masas de personas privadas de sus derechos.

Los manipuladores puristas despliegan ataques de vergüenza y buscan llevar a multitudes de personas a espectáculos figurativos de estacas ardientes. Pero vamos con ejemplos:

Purista político: los ricos son repugnantes, se enriquecieron engañando y mintiendo. Muerte a los ricos. Los puristas políticos tienden a liderar a las masas de gente infeliz que necesitan una excusa para sus fracasos. Se les ve surgir a lo largo de estos días con los movimientos populistas.

Hay varias capas del manipulador purista, dependiendo de su nivel de peligro:

Nivel de guerrero de la justicia social: molesto, pero sobre todo un idiota inocuo

Nivel de iniciador digital: es el tipo que escribe publicaciones enojadas en Facebook, siempre en términos absolutos y en blanco y negro.

Nivel de linchamiento de la mafia: aquí es donde comienza el fanatismo, pero nunca llega a los verdaderos cargos de poder. Savonarola fue un ejemplo.

El fanático social-revolucionario: políticos que buscan el poder haciéndose enemigos y pretendiendo ser los precursores de un mundo nuevo y mejor.

Puristas en el poder: el Stalin y Hitler de este mundo.
Fanáticos que alcanzaron el poder y siguen fingiendo que
siguen siendo revolucionarios para siempre

Manipulaciones socioculturales

El tema sociocultural es uno de los más complejos al tratar
de definir un escenario de manipulación. Las técnicas que se
aplican aquí pueden ser muy diversas. A mí particularmente
me resultan muy interesantes porque el campo de la
sociología es una de mis áreas de trabajo, por ello he podido
escribir este libro.

A nivel social, cada individuo y / o grupo social busca incidir
en la opinión pública para que adopte marcos o normas
morales que lo beneficien a sí mismo, o a su propio grupo.

Entre las manipulaciones culturales:

Promover la creencia de que el éxito tiene que ver con la
elección y el trabajo duro: los ricos quieren que la sociedad
crea que el éxito y la riqueza tienen que ver con el trabajo
duro y la dedicación, lo que les ayuda a enmarcar las políticas
socialistas de redistribución de la riqueza como un robo a las
personas productivas.

Promover la creencia de "pobre pero feliz": Fiske descubrió
que cuando los que están en el poder pueden enmarcar a la
clase baja como alta en calidez, pero baja en competencia,
puede ayudar a estabilizar el status quo (Fiske y Cuddy ,
2002; y Sapolsky , 2017).

Cultura de honores: los hombres buscan inculcar una cultura que reprime las libertades sexuales de las mujeres para defenderse de eventos que no son de paternidad

Movimientos al estilo "yo también": una cultura con un desencadenante fácil contra los hombres y dentro de la cual es fácil que las mujeres avergüencen y arruinen a los hombres por cualquier tipo de avance que empodera a las mujeres contra los hombres (especialmente las mujeres más manipuladoras)

Encuadre político: cada partido busca enmarcar el discurso público de una manera que los beneficie. Por ejemplo, cuando todos adoptan expresiones como "desgravación fiscal" o "pro-vida", es mucho más probable que los conservadores ganen debates e influyan en las decisiones políticas (Lakoff , 2004)

En diferentes momentos, este o aquel grupo logra ganar ventaja sobre otro. Pero como hay tantos intereses en competencia en juego, rara vez un grupo puede dominar por completo a todos los demás.

Manipulaciones estándar: lo que todos hacemos. Las manipulaciones estándar son manipulaciones cotidianas en las que todos participamos. De hecho, algunas manipulaciones cotidianas son una señal de que somos seres humanos bien adaptados.

Por ejemplo:

- Maquillaje para lucir más joven para las mujeres

- Ropa a medida para que los hombres luzcan lo mejor posible
- Hablar de nuestras fortalezas para impresionar a alguien con poder (piense en entrevistas de trabajo)

Algunas manipulaciones cotidianas también son una señal de que somos personas eficaces:

- Ocultar emociones inapropiadas
- Comportarse de manera eficaz, pero que no refleje cómo nos sentimos

Sin embargo, exagerar con las manipulaciones estándar puede hacer que parezca sumiso o nervioso.

Por ejemplo:

- Sonriendo cuando no tenemos ganas de sonreír
- Ser amigables cuando en realidad estamos decepcionados
- Repetir que "estamos bien" cuando en realidad estamos enojados

Todos estos tipos de manipulaciones demasiado sociales comunican que le falta confianza, que no se respeta lo suficiente a sí mismo y que le falta poder y asertividad.

Sin embargo, yo no quiero decir con esto que esté mal que una mujer se maquille para verse más atractiva o para lucir más joven, al contrario, pienso que todas esas cosas pueden ser sanas. El detalle está es tener muy en claro las diferentes maneras en las que podemos manipular algo, y una de ellas es nuestra apariencia, para con ello lograr después que sucedan cosas acordes a nuestros gustos e intereses.

Manipulación familiar

Solo necesita observar la dinámica familiar para darse cuenta de que sí, de hecho, todos estamos diseñados para participar en manipulaciones.

Yo sé que puede parecer muy oscuro para ser cierto, sé que no querrás creer que diariamente nos manipulamos unos a otros dentro del entorno familiar, pero es bueno recordar que hay niveles de manipulación, y aunque todos incluyen psicología oscura de algún modo, no todos son tan dañinos como puede parecer.

Lo diré de otro modo para tranquilizarte un poco: no es lo mismo la manipulación de un psicópata hacia una persona a la que está a punto de agredir físicamente, que la de un niño de 2 años de edad con su madre.

Entre las manipulaciones familiares:

Manipulación del feto: sí, comienza tan temprano. Los fetos luchan por permanecer vivos y desviar los nutrientes de la madre, incluso si eso puede enfermar a la madre (Buss, 1998)

Manipulación de bebés: los niños lloran, se interponen entre los padres y actúan de manera seductora como una forma de atraer amor y recursos (Pinker, 1997)

"Mírame mamá": los niños que se lucen ante sus padres están diciendo inconscientemente "Soy digno de tu continuo apoyo e inversión"

La manipulación familiar también nos muestra que algunas personas manipulan más que otras y que comienzan temprano.

ME Thomas, una sociópata diagnosticada, se dio cuenta de que era diferente cuando se dio cuenta de que sus hermanos no estaban tan interesados en convertirse en los favoritos de los padres en detrimento de los demás (Thomas, 2013)

De hecho, creo que uno de los signos de la sociopatía femenina es el antagonismo de una hija con su madre para "ganarse" a su padre.

Una sociópata alfa una vez se regodeó diciendo cómo empujó a su madre para que se convirtiera en la "reina del hogar". El título significaba que era la favorita del padre y tenía el poder de influir en las decisiones de la familia.

Como puedes ver, hay casos de casos. Unos no son realmente trascendentales, mientras que otros pueden ser muy graves, necesitando atención clínica psiquiátrica y tofo el asunto.

Manipulación de medios

Iré directo al grano con tipos de manipulación de medios:

Neutralidad fingida: pretender informar hechos mientras promueve una agenda específica

Sensacionalismo: "nuevo récord", "nunca antes visto", "primera mujer en"

Generador de miedo: el miedo vende y atrae a los espectadores. Los medios exageran los riesgos y minimizan las tendencias positivas a largo plazo (Pinker, 2018)

Greta thunberg enojada con los comentarios de manipulación de los medios. Greta es víctima de reportajes manipuladores y medios sensacionalistas. Greta Thunberg realmente cree que el calentamiento global significa que no tiene futuro.

El calentamiento global es un problema grave que debemos abordar. Pero está lejos de ser el principal riesgo para su vida. Es demasiado joven e ingenua para comprender que algunos medios de comunicación exageraron la gravedad del calentamiento global en la vida humana para atraer a más espectadores.

Manipulaciones maquiavélicas

Las manipulaciones maquiavélicas son esquemas de manipulación refinados del siguiente nivel. Esta es tal vez la técnica de manipulación más relevante en este libro.

Recuerda que aquí es donde entra en juego al 100 % la psicología oscura, esa que puede estar presente en todas las otras técnicas pero no tanto como en esta.

Los manipuladores inteligentes hacen que sus informes se sientan muy bien para maximizar su producción, pero luego maximizan el interés propio egoísta maniobrando solo para sus propias

Hoy en día, la psicología evolutiva acepta ampliamente que el interés personal a menudo se puede lograr mejor mediante la cooperación (Ridley, 1996). Entonces, desde el punto de vista de la estrategia de vida, no es el jugador egoísta quien tiene éxito.

Son los colaboradores que pueden ampliar el alcance de la colaboración los que maximizan más sus resultados ("colaborador ilustrado"y por eso decimos aquí que los marcos cooperativos son una de las estrategias fundamentales del poder personal

La verdad es que el egoísmo y la manipulación también pueden dar sus frutos dentro de un marco colaborativo. Gran parte de la manipulación se basa en una dicotomía entre colaboración e interés propio. La colaboración honesta puede generar beneficios para todos, pero fingir colaboración puede generar beneficios en el que todos ganan

Por eso, tanto como la colaboración surge naturalmente a través de la selección natural, también lo hace la manipulación. En resumen: la colaboración y la manipulación son dos caras de la misma moneda. Sin embargo, los manipuladores que dejan que su lado egoísta vaya demasiado lejos asumen grandes riesgos, que incluyen

Estrategia de manipulador oportunista

Dicho esto, uno no debe ser siempre honesto o siempre un estafador. De hecho, desde un punto de vista puramente maquiavélico y egoísta, la mejor estrategia es enmarcarse como un donante y colaborador honesto, mientras deserta y manipula en cualquier momento en que pueda salirse con la suya.

Llamemos a esta estrategia el "manipulador oportunista".

Como de costumbre, no me alegra decir eso y no apruebo ni apruebo esa postura, pero debo decir la verdad ante todo. También tenga en cuenta que, en algunos casos, el maquiavelismo puede ser una estrategia justa. Y también es útil para la autodefensa.

Desarrollar tu maquiavelismo es algo en lo que cualquier individuo que agregue valor debería trabajar (ver: "por qué tienes que ser malo"). Un enfoque maquiavélico también puede ser justo en entornos naturalmente competitivos, como en el lugar de trabajo. La principal desventaja es que es una estrategia de mucho mayor riesgo de lo que parece.

Como regla general, cuanto más estrecha es la relación, más trata con las mismas personas a lo largo del tiempo, y cuanto más largo es el horizonte temporal, mayor riesgo se vuelve la estrategia del manipulador oportunista.

Entonces, como regla general, cuanto más larga o más cercana es la relación, y más saludable es la relación que busca, más vale la pena minimizar la manipulación y comportarse como un colaborador honesto.

Aquí está el perfil de los manipuladores más prolíficos:

Maquiavélicos: aceptan la proposición de Maquiavelo de que un fin deseado justifica prácticamente cualquier medio. En el experimento de la teoría de juegos son oportunistas, capitalizando la ambigüedad con respecto a las reglas.

- manipulativo
- encantador
- confidente
- fácil
- calculador
- cínico sobre la naturaleza humana (el tipo malo de cínico, por supuesto)
- sagaz en sus estrategias sociales

Individuos con una mentalidad de escasez: Susan Foward dice que la manipulación a menudo surge de la creencia de que el suministro de atención y afecto disponible para ellos es finito y se está reduciendo rápidamente (Forward, 1998)

Inseguros (pero motivados por el éxito): no creen que tengan una oportunidad justa sin hacer trampa, por lo que manipulan

Inseguros en las relaciones: temen el abandono y harían cualquier cosa para mantenerlo (los tipos de apego ansiosos son más propensos a manipular)

Narcisistas: esperan un trato especial sin asumir responsabilidades recíprocas a su vez (es decir : en el intercambio social que toma sin dar)

Correcto: se sienten con derecho a recibir, y cualquier medio para ese fin es justo

Trastorno límite de la personalidad: utiliza tratamiento silencioso, rabia y amenazas, incluidas amenazas de ruptura, también consulte "Deja de caminar sobre cáscaras de huevo" y "Te odio, no me dejes".

Trastorno de personalidad dependiente: manipulan indirectamente a otros para que asuman responsabilidades por ellos. Los hombres tienden a usar demandas, mientras que las mujeres tienden a usar la sumisión y la ineptitud fingida. Lea también "No más codependientes"

Trastorno histriónico de la personalidad: las reinas y los reyes del drama, manipulan para llamar más la atención. Pueden ser tanto manipulados como manipuladores, y a menudo recurren a la sexualidad y la seducción para manipular. Pueden recurrir a explosiones emocionales y frecuentemente llorar violación.

Personalidades pasivo-agresivas: resistencia pasiva como procrastinación, ineficiencia intencional y arrastre de pies. Nunca dirán "no" a sus jefes, pero siempre se quejarán a espaldas del jefe.

Personalidad enojada tipo A : altamente competitiva y obsesionada con las medidas cuantitativas del éxito. A menudo están muy preocupados por mantener el control sobre su entorno. Tienden a manipular con tácticas más agresivas y, a veces, evocan "estrategias de evitación" en otros.

Personalidad adictiva: miente, niega y causa estragos en la vida de las personas. Puede volverse extremadamente necesitado

Sociópatas / Psicópatas: tienen poca o ninguna empatía. O mejor, la poca empatía solo les ayuda a comprender mejor a los demás como una forma de manipularlos mejor. Ver también las estrategias de control del psicópata

A lo cual, también agrego una categoría más de personas que, en cambio, podrían ser más empáticas y de mayor calidad:

El manipulador que se quemó: ha sido víctima de manipulación y promete no volver a ser víctima nunca más. Entonces ahora se convirtieron en manipuladores. Ese es el perfil de muchos hombres de la píldora roja (y mujeres amargadas)

Ahora, en las técnicas de manipulación vemos muchas cosas del manipulador y surge una duda: ¿Puedes reformar a un manipulador?

Si el manipulador no estaba al tanto de su manipulación, mostrarle lo que estaba haciendo, más los efectos destructivos que está teniendo, puede ser lo suficientemente impactante como para cambiar su comportamiento (aquí llamamos a este enfoque "vergüenza colaborativa").

Pero en caso de que el manipulador fuera consciente de su comportamiento, las posibilidades de cambiar caen precipitadamente.

Los manipuladores conscientes tienden a ser conscientes de sí mismos y "congruentes con el ego". Por ejemplo, su manipulación se ajusta a lo que piensan conscientemente de sí mismos.

En este sitio web, definimos al peor tipo de esta categoría de personas, los "orgullosos tomadores de valor". Por ejemplo, están orgullosos de tomar de los demás

Ahora cerremos este tema de las técnicas de manipulación, que es sin duda bastante amplio y complejo, con una disyuntiva:

Manipulación VS Persuasión

¿Cuál es la diferencia entre persuasión y manipulación?

Robert Greene, autor de "Las 48 leyes del poder", dice que la persuasión y la manipulación son lo mismo, y cualquier intento de persuasión es un intento de manipulación. Ese argumento a menudo se presenta con la racionalización cínica de que "todo el mundo manipula", y los que no lo hacen, mienten. Bueno, no es 100% incorrecto. Pero tampoco es del todo correcto.

Por mucho que haya pocas personas que mientan y manipulen todo el tiempo, también hay muy pocas personas que siempre son honestas. Sin embargo, eso no significa que la persuasión y la manipulación sean lo mismo.

La diferencia entre la persuasión y la manipulación es que la manipulación tiene un costo para el objetivo, mientras que la persuasión no. Hay muchas áreas grises, por supuesto, pero las áreas grises son grises porque no son muy dañinas.

Consideremos dos ejemplos:

El vendedor persuade al cliente potencial para que compre un auto deportivo genial, pero el comprador no necesitaba estrictamente un auto.

El hombre persuade a la mujer que quería una relación para que se acueste con él, pero no entablan una relación.

Suelen ser zonas grises, pero no son dañinos. Debido a la racionalización inversa, la perspectiva del automóvil probablemente sea feliz en cualquier caso. Lo mismo para la mujer, si el hombre logró que fuera una buena experiencia, a menudo ella se alegrará de que se hayan convertido en amantes.

Entonces, en mi opinión, la mayoría de las áreas grises de la persuasión son un juego limpio y, en ausencia de un daño obvio para el objetivo, es justo intentar influir en los demás desde su punto de vista. Sin embargo, esa zona gris no es infinitamente elástica y es falso pretender que no hay diferencia alguna entre la persuasión y la manipulación.

En definitiva y a manera de resumen, yo prefiero que tú mismo te formes una idea de todo lo que representa las técnicas de manipulación, pero no quiero dejarte en ese camino sin darte luces para que te guíes y puedas llevar tu paso al ritmo que tú mismo decidas.

Lo que quiero decir es que yo te puedo mencionar todas las técnicas que conozco como en efecto lo acabo de hacer, mientras que tú al leer este contenido, puedes hacer dos cosas:

Puedes en primer lugar identificar las técnicas que te he mencionado y que coinciden con lo que has vivido o experimentado, ya sea de manera directa o indirecta. Puedes también agregar ejemplos que yo no haya tomado en cuenta para esas mismas técnicas que fuiste capaz de reconocer.

Pero por otro lado también puedes establecer una descripción propia de una o varias técnicas que tú mismo hayas sido capaz de identificar, alguna que tal vez yo no haya siquiera mencionado en mi libro.

La mejor parte de este capítulo, considero yo, es la socialización de conocimeinto. Por un lado, yo te cuento todo lo que sé sobre las técnicas de manipulación, pero lo hago con base y fundamente, relatando anécdotas, estableciendo análisis sociológicos en situaciones reales y concretas, pero también tomando como base las teorías de científicos que durante años han estudiado este tema.

Por otro lado, el conocimiento es un fenómeno maravilloso y recíproco. Yo me sentiré orgulloso cada vez que tú seas capaz de identificar una técnica de manipulación. Como te dije al principio de este capítulo, más adelante te hablaré de los rasgos de la manipulación, de cómo puedes identificar a un manipulador pero también de cómo puede comportarse una víctima de ese fenómeno, pero aquí en estas técnicas ya vas teniendo luces acerca de que la manipulación no es algo fortuito, muy a pesar de que haya personas que la realicen casi de manera inconsciente.

Identificación de los manipuladores. Comportamiento y rasgos de carácter de los manipuladores

Si el capítulo anterior te pareció práctico por todos los ejemplos y los ejercicios, este lo será aún más porque aquí no me enfocaré demasiado en teorías científicas. Aquí quiero hablarte directamente de cómo puedes identificar a un manipular, que estoy seguro te ha tocado lidiar con varios.

Es precisamente porque la manipulación emocional puede ser tan destructiva, que es importante que la reconozcas en tu propia vida. No es tan fácil como podría pensar, porque los manipuladores emocionales suelen ser muy hábiles. Comienzan con una manipulación sutil y aumentan las apuestas con el tiempo, tan lentamente que ni siquiera te das cuenta de que está sucediendo. Afortunadamente, los manipuladores emocionales son bastante fáciles de detectar si sabes qué buscar.

1. Manipulan tu comprensión de la realidad.

Los manipuladores emocionales son mentirosos increíblemente hábiles. Insisten en que un incidente no sucedió cuando sucedió e insisten en que lo hicieron o dijeron algo cuando no fue así. El problema es que son tan buenos en eso que terminas cuestionando tu propia cordura. Insistir en que lo que sea que haya causado el problema es producto de su imaginación es una forma extremadamente poderosa de salir del problema.

2. Sus acciones no coinciden con sus palabras

Los manipuladores emocionales te dirán lo que quieres escuchar, pero sus acciones son otra historia. Prometen su apoyo, pero, cuando llega el momento de seguir adelante, actúan como si sus solicitudes fueran completamente irrazonables. Te dicen lo afortunados que son de conocerte y luego actúan como si fueras una carga. Esta es solo otra forma de socavar la fe en su propia cordura. Te hacen cuestionar la realidad tal como la ves y moldean tu percepción de acuerdo a lo que les conviene.

3. Son expertos en repartir culpa

Los manipuladores emocionales son maestros en aprovechar su culpa en su beneficio. Si mencionas algo que te molesta, te hacen sentir culpable por mencionarlo. Si no lo hace, lo hacen sentir culpable por guardárselo para sí mismo y cocinarlo. Cuando se trata de manipuladores emocionales, cualquier cosa que hagas está mal y, sin importar los problemas que tengan, es culpa tuya.

4. Reclaman el papel de víctima

Cuando se trata de manipuladores emocionales, nada es culpa tuya. No importa lo que hagan, o no hagan, es culpa de otra persona. Alguien más los obligó a hacerlo y, por lo general, eres tú. Si se enoja o se enoja, es culpa suya por tener expectativas poco razonables; si se enojan, es tu culpa por molestarlos. Los manipuladores emocionales no se hacen responsables de nada.

5. Son demasiado, demasiado apresurados

Ya sea una relación personal o una relación comercial, los manipuladores emocionales siempre parecen saltarse algunos pasos. Comparten demasiado pronto y esperan lo mismo de ti. Representan vulnerabilidad y sensibilidad, pero es una artimaña. La farsa tiene la intención de hacerte sentir "especial" por ser dejado entrar en su círculo íntimo, pero también tiene la intención de hacerte sentir no solo lástima por ellos, sino también responsable de sus sentimientos.

6. Son un agujero negro emocional

Independientemente de lo que sientan los manipuladores emocionales, son genios en absorber a todos los que los rodean en esas emociones. Si están de mal humor, todo el mundo a su alrededor lo sabe. Pero esa no es la peor parte: son tan hábiles que, no solo todos son conscientes de su estado de ánimo, sino que también lo sienten. Esto crea una tendencia a que las personas se sientan responsables de los estados de ánimo del manipulador y se vean obligadas a corregirlos.

7. Aceptan ansiosamente ayudar, y tal vez incluso ofrecerse como voluntarios, y luego actúan como un mártir

Un entusiasmo inicial por ayudar se transforma rápidamente en suspiros, gemidos y sugerencias de que todo lo que acordaron hacer es una carga enorme. Y, si iluminas esa desgana, te darán la vuelta y te asegurarán que, por supuesto, quieren ayudar y que estás siendo paranoico. ¿La meta? Para hacerte sentir culpable, endeudado y tal vez incluso loco.

8. Siempre te superan

No importa los problemas que pueda tener, los manipuladores emocionales lo tienen peor. Socavan la legitimidad de sus quejas al recordarle que sus problemas son más serios. ¿El mensaje? No tienes motivos para quejarte, así que cállate.

9. Conocen todos tus botones y no dudan en presionarlos

Los manipuladores emocionales conocen tus puntos débiles y rápidamente usan ese conocimiento en tu contra. Si no estás seguro de tu peso, comentan lo que comes o cómo te queda la ropa; Si está preocupado por una presentación próxima, ellos señalan lo intimidantes y críticos que son los asistentes. Su conciencia de tus emociones está fuera de serie, pero la usan para manipularte, no para hacerte sentir mejor.

Superar la manipulación

Más adelante dedicaré un capítulo completo a expresar el papel fundamental que juega la defensa contra la manipulación, porque desde luego que puedes y debes defenderte.

Sin embargo, decido hacer una especie de paréntesis aquí y asomar un poco el tema, especialmente porque la defensa contra la manipulación es importante, porque es necesario recordar que todos estos signos de manipulación deben ser abordados, que no debemos dejarlos pasar a la ligera.

De hecho, me importa mucho hablarte de este tema ahorita porque puede que mientras vas leyendo todo lo que te cuento, vas removiendo en tu interior recuerdos, frases, momentos en los que has sido víctima de manipulación.

No te sientas mal, sé que eso es más fácil decirlo que hacerlo, pero necesito que sea así, que no te dejes vencer por la manipulación, porque después de todo para eso he escrito este libro, y precisamente para ello es que tú lo estás leyendo.

Los manipuladores emocionales te vuelven loco porque su comportamiento es tan irracional. No te equivoques al respecto: su comportamiento realmente va en contra de la razón, entonces, ¿por qué se permite responder emocionalmente y ser absorbido por la mezcla?

Cuanto más irracional y fuera de lugar sea alguien, más fácil debería ser para ti salir de sus trampas. Deja de intentar vencerlos en su propio juego. Aléjate de ellos emocionalmente y aborda tus interacciones con ellos como si fueran un proyecto científico (o si fueras su psiquiatra si prefieres esa analogía). No necesita responder al caos emocional, solo los hechos.

Mantener una distancia emocional requiere conciencia. No puede evitar que alguien presione sus botones si no reconoce cuándo está sucediendo. A veces, se encontrará en situaciones en las que tendrá que reagruparse y elegir el mejor camino a seguir. Esto está bien y no debe tener miedo de ganar algo de tiempo para hacerlo.

La mayoría de las personas sienten que, debido a que trabajan o viven con alguien, no tienen forma de controlar el caos. Esto no podría estar más lejos de la verdad. Una vez que haya identificado a un manipulador, comenzará a encontrar su comportamiento más predecible y más fácil de entender. Esto le permitirá pensar racionalmente acerca de cuándo y dónde debe tolerarlos y cuándo y dónde no. Puedes establecer límites, pero tendrás que hacerlo de forma consciente y proactiva.

Si dejas que las cosas sucedan de forma natural, seguramente te verás envuelto constantemente en conversaciones difíciles. Si establece límites y decide cuándo y dónde involucrar a una persona difícil, puede controlar gran parte del caos. El único truco es mantenerse firme y mantener los límites en su lugar cuando la persona intente cruzarlos, lo que hará.

En resumen:

Los manipuladores emocionales pueden socavar tu sentido de quién eres e incluso hacerte dudar de tu propia cordura. Recuerda: nadie puede manipularlo sin su consentimiento y cooperación.

Signos de manipulación

Hay muchas formas en las que un manipulador emocional buscará el poder tratando mal a otra parte. Algunos de estos son extremadamente comunes y pueden resultarle familiares si alguna vez ha estado en una situación como esta. Las tácticas comunes incluyen retener información, dejar de fumar, culpar a la víctima, fingir estar confundido, avergonzar, minimizar los sentimientos de los demás y mentir. A continuación, se enumeran y explican explicaciones más completas de los signos comunes:

Eludir la responsabilidad

Una persona que busca manipularte a menudo evitará asumir la responsabilidad de sus acciones. En lugar de hacerlo, tomarán tus propias palabras y las cambiarán para convertirte en la persona "mala" o culpable de la relación. En lugar de tomar posesión de una situación y acciones, el manipulador intentará torcer la situación para que algo que hiciste realmente conduzca al problema.

Negar promesas pasadas

Alguien que te manipula puede prometer hacer algo u ofrecer una afirmación cuando se le pide algo, pero nunca hará lo que dijo que haría. Sin embargo, si mencionas esto, te lo devolverán. Jurarán que no entendiste lo que dijeron y que estás siendo olvidadizo o ridículo. Esto puede llevarlo a cuestionarse a sí mismo y a sus propios recuerdos.

Chantaje

Un manipulador es el rey o la reina de ser víctima. En lugar de participar en un comportamiento directamente agresivo, pueden optar por utilizar la agresión pasiva. Un ejemplo de esto podría ser algo como: "Está bien si sales con tus amigos. Me quedaré aquí en casa solo y limpiaré la casa ". Esto te hace sentir mal y los pone en el papel de la víctima sensible que tiene que darlo todo por ti.

Ignora tus problemas

En lugar de sentir empatía contigo y con cualquier problema con el que puedas estar lidiando, un manipulador puede usar el tiempo para hablar sobre sus propios problemas. Por ejemplo, si se queja de tener una pelea con un miembro de la familia, esto podría convertirse en una diatriba sobre cómo al menos tiene una familia con quien pelear o cómo sus propias peleas con los miembros de su familia ocurren con mucha más frecuencia, por lo que debería estar agradecido.

Sin usar sus palabras

En lugar de hablar contigo sobre algo que los molesta, un manipulador puede hablar a tus espaldas o usar otras soluciones pasivo-agresivas. Es posible que le den un trato silencioso, hagan pucheros o muestren su desaprobación sin hablar de ello. También pueden optar por decir algo de apoyo, al tiempo que muestran que el apoyo no existe realmente a través de sus acciones.

Momentos Oscuros

A los manipuladores les gusta ser el centro de atención y es posible que no se detengan ante nada para hacerlo. Si están molestos, quieren asegurarse de que todos lo sepan. Pueden hacer algo para mostrar esto solo para que la gente trate de hacerlos sentir mejor. Puede conducir a una atmósfera muy agotadora y opresiva con la que tratar de lidiar, especialmente si esto sucede con frecuencia.

Agresividad

La intimidación es algo en lo que confían muchas personas manipuladoras. Esto puede ser en forma de ira, amenazas veladas o acciones o lenguaje agresivo. Esto es aún más cierto cuando la parte manipuladora sabe que a la otra persona no le gusta la confrontación. Al causarle miedo e incomodidad, puede hacer lo que sea necesario para que la situación sea más cómoda, lo que generalmente significa hacer lo que ellos querían en primer lugar.

Falta de confianza

Los manipuladores suelen buscar personas inseguras, sensibles o confiadas. Saben que estas personas son más vulnerables a la manipulación y es menos probable que la pongan fin. Al ser amables y reflexivos, pero poco a poco se vuelven más manipuladores, pueden comenzar a explotar a la persona, que probablemente ya esté apegada a ellos y quiera evitar hacer olas.

Todo esto nos lleva a una pregunta:

¿Por qué la gente manipula?

Hay muchas razones por las que las personas eligen manipular a otros y estas pueden variar según la persona. La mayoría de las personas se involucran en la manipulación a veces, pero aquellos que interactúan principalmente con la manipulación a menudo comparten algunos rasgos entre ellos.

- Sentimientos de impotencia, desesperanza o inutilidad.
- Miedo a ser abandonado.
- Necesidad de poder y control sobre los demás.
- Voluntad de anteponer sus sentimientos al bienestar de los demás.
- Necesidad de elevar la autoestima.

Muchas personas se dan cuenta de que están siendo manipuladas, pero no están seguras de cómo manejar la situación. Lo primero que debe tener en cuenta es considerar siempre su seguridad por encima de todo. Sin embargo, hay algunas formas sugeridas para comprender mejor a la otra persona y sus motivaciones que se pueden probar.

Sé directo y honesto. No participe en situaciones que intensifiquen la manipulación cuando pueda evitarlo. Haz preguntas a la persona manipuladora y averigua si te dirán directamente qué es lo que quieren.

No compartas cómo los actos de manipulación te hacen sentir, esos sentimientos probablemente serán explotados más adelante.

Trate de evitar sentirse culpable o avergonzado de hacer algo.

Si la otra persona te amenaza, pregúntale en lugar de evitar la situación.

La manipulación es una forma de chantaje emocional. Los manipuladores usan ciertos comportamientos para influir en cómo otras personas piensan, sienten y actúan, sin que se den cuenta. En efecto, el manipulador consigue que hagan lo que quieran.

Y este es precisamente el gran problema de la manipulación: implica comportamientos encubiertos que la víctima no siempre puede detectar. Muchas personas muerden el anzuelo y terminan permitiendo que el manipulador se salga con la suya.

"La herramienta básica para la manipulación de la realidad es la manipulación de palabras. Si puedes controlar el significado de las palabras, puedes controlar a las personas que deben usarlas".

-Philip Dick-

7 Claves Para Detectar a Un Manipulador

Por eso es tan importante aprender a identificar las tácticas que utilizan los manipuladores. A continuación, te digo otras 7 formas de identificar a un maestro de la manipulación:

1. Te hacen sentir culpable y no sabes por qué

Los maestros de la manipulación se basan en la victimización constante. Probablemente tengan un " comodín de trauma " o un episodio difícil en sus vidas que siempre usan para justificar las cosas que hacen mal.

"Una infancia difícil", "niños ingratos", "mala suerte" y otras fórmulas como esa son sus favoritas. Muestran estas cicatrices emocionales con cierto orgullo, e incluso terminan presumiendo de ellas.

Si, por ejemplo, te quejas de su falta de consideración, te responderán con algo como, "Estás enojado porque no estoy atento, pero tuve que lidiar con un padre que me abandonó cuando tenía tres años. . " Esto te desarma. ¿Quién sería tan insensible como para criticar a alguien que sacó a relucir tal trauma? Este es su juego.

2. Te amenazan sutilmente

Las amenazas indirectas son otra táctica común que utilizan los manipuladores. Se han utilizado, y todavía se utilizan, desde grandes líderes hasta pequeños tiranos domésticos e incluso publicistas expertos. Esta táctica implica anticipar el peor resultado posible como consecuencia de su comportamiento.

"Si sigues comiendo así, en menos de seis meses te verás como una ballena". No quieren que comas y probablemente no tengan ningún tipo de argumento médico que respalde lo que están diciendo; simplemente no quieren que actúes de esa manera.

Quizás les moleste ver lo feliz que estás cuando comes helado, o quizás piensen que estás gastando demasiado dinero en comida. Pero no lo dicen directamente, solo le advierten de una catástrofe inminente.

3. Devalúan lo que haces a través del sarcasmo

Si los manipuladores odian algo, es la comunicación directa. Como dice el refrán popular, "no te llaman perro, pero te ofrecen un hueso". Utilizan el sarcasmo para ridiculizarlo o minimizar el valor de sus pensamientos, sentimientos o acciones. Los manipuladores quieren que los demás se sientan inseguros e inferiores.

Un ejemplo de esto es cuando te envían un mensaje aparentemente amigable, pero hay contenido bastante agresivo escondido entre líneas. "Quizás si lees un poco más, tendrías amigos más distinguidos", se traduce como "No tienes educación y tus amigos son pobres diablillos".

A veces, las víctimas de manipulación comienzan a creer que este tipo de evaluación es una forma de intentar ayudarlas a mejorar. Pero esto no podría estar más lejos de la verdad. Cuando alguien quiere ayudar a otro, utiliza una comunicación directa y sincera. Y no devalúan a las personas, sino que les ofrecen consejos concretos.

4. Casi siempre son encantadores

Los manipuladores normalmente saben que tienes que acariciar al caballo antes de montarlo. Por lo general, comienzan actuando de manera agradable y maravillosa. Te adularán y tratarán de demostrar que tienen buen gusto, que sus conversaciones son súper entretenidas y que son muy sensibles a tus expectativas.

Este es el primer paso. En el segundo paso, las cosas comienzan a cambiar. Cuando ya te han convencido de lo gran persona que son, comienzan a intentar manipularte con todo su encanto.

Te envuelven una red de seducción y no puedes evaluarla objetivamente. Ves lo que hacen con buenos ojos, y aunque ocasionalmente tengas dudas, esa persona siempre encontrará una manera de recordarte que no puedes pensar mal de alguien tan fantástico.

5. Son jueces autoproclamados de tu vida

Sin que sepas cómo, de repente el manipulador se convierte en una especie de "guía espiritual" para tu vida. Son extremadamente hábiles para decirle a otras personas cómo deben vivir, aunque ellos mismos no practican lo que predican.

Te dan consejos y citan grandes máximas filosóficas. Te dicen qué hacer, paso a paso. Si no sucede, te culpan. Te dijeron lo que debías haber hecho y no seguiste sus consejos al pie de la letra, consejo que tan generosamente te ofrecieron.

Un buen amigo o asesor no te dirá qué hacer, pero te ayudarán a resolverlo, porque todos somos diferentes y una respuesta válida para una persona puede no ser válida para otra. Las personas que realmente te aman quieren que seas libre, no dependiente.

6. Son buenos para hablar y cambiar de tema.

Los maestros de la manipulación también tienden a ser expertos en el arte del lenguaje. Utilizan un lenguaje florido y fluido y siempre tienen a mano un argumento sorprendente e ingenioso, aunque esté basado en mentiras.

Si te ridiculizan diciendo, por ejemplo, "te ves como un pingüino con ese vestido", y te molesta, lo seguirán diciendo, "lo siento , no pensé que eras tan sensible a las bromas". Es un beneficio mutuo para ellos. Son maestros en hacer que la gente parezca tonta.

Si los confronta, probablemente no responderán. Ellos desviarán la conversación hacia otro tema y antes de que te des cuenta, estarán hablando de cosas que no tienen nada que ver con lo que te dijeron inicialmente.

7. Con gusto te echarán la culpa

Romperán un vaso y terminarás pagando y disculpándote por ello. Un ejemplo clásico de esto es un esposo cuya esposa lo ha pillado haciendo trampa. Cuando la mujer saca la cuenta del motel que encontró en uno de sus bolsillos, él se enoja y le grita por espiarlo y fisgonear en sus cosas personales. Entra en una larga perorata sobre la importancia de la confianza en una relación y sobre el respeto del espacio del otro.

Al final, la mujer se siente tan culpable que termina pidiendo perdón por ser tan "controladora", y el tema de las trampas termina pareciendo un malentendido que nunca debería haber mencionado.

La manipulación emocional abierta y encubierta

La manipulación puede darse de muchísimas maneras, como ya lo has visto. A lo largo de este libro te he venido contando sobre el universo de posibilidades en las que se puede gestar la manipulación.

Es momento de hablar, de manera más concreta, de cómo podemos encasillar a la manipulación, vista como algo de la psicología oscura que puede ser abierta o disimulada.

Conceptos

Manipulación Abierta

La manipulación emocional abierta es aquella donde no hay filtros ni disimulos, donde todo se da de manera frontal, aunque no por ello pudiéramos decir que se trata de algo honesto. Simplemente no hay empeño en ocultar o hacer creer algo que no es, aunque desde luego sigue siendo manipulación.

Manipulación Encubierta

Ahora, la que es verdaderamente compleja y hasta más peligrosa, es la manipulación encubierta, por ello he decidido extenderme en ella.

La manipulación puede incluir agresión abierta, como críticas, abuso narcisista y formas sutiles de abuso emocional. Las armas encubiertas favoritas de los manipuladores son: culpa, quejarse, comparar, mentir, negar, fingir ignorancia o inocencia, culpar, sobornar, socavar, juegos mentales, suposiciones, chantaje emocional, evasión, olvido, desatención, fingida preocupación, simpatía, disculpas, halagos y obsequios y favores.

Tácticas de Manipulación Encubierta

Las tácticas típicas de manipulación encubierta, son:

Disimulando

Los mentirosos habituales a veces mienten cuando es innecesario. No mienten porque tengan miedo y se sientan culpables, sino para confundirte y hacer lo que quieren. Algunos simultáneamente te ponen a la defensiva con acusaciones y otras tácticas manipuladoras. La mentira también puede ser indirecta, por vaguedad y / u omisión de información material, aunque todo lo demás dicho es cierto. Por ejemplo, un tramposo podría decir que estaba trabajando hasta tarde o en el gimnasio, pero no admitir una cita adúltera.

En Negación

Esto no es una negación que es inconsciente, como no darte cuenta de que has sido abusado, tienes una adicción o estás evitando enfrentar verdades difíciles. Esta es una negación consciente para negar el conocimiento de promesas, acuerdos y comportamientos. La negación también incluye minimización y racionalización o excusas. El manipulador actúa como si estuvieras haciendo un gran problema por nada o racionaliza y excusa sus acciones para hacerte dudar de ti mismo o incluso para ganar tu simpatía.

Los manipuladores quieren evitar ser confrontados y tener que asumir la responsabilidad a toda costa. Pueden evitar las conversaciones sobre su comportamiento simplemente negándose a discutirlo. Esto podría combinarse con un ataque, como "Siempre me estás regañando", poniéndote a la defensiva con culpa, culpa o vergüenza.

La evasión puede ser sutil e imperceptible cuando un manipulador cambia de tema. Puede estar camuflado con jactancias, cumplidos o comentarios que quieras escuchar, como "Sabes cuánto me preocupo por ti". Es posible que olvide por qué estaba molesto en primer lugar.

Otra táctica confunde los hechos, te confunde y siembra dudas. Una vez salí con un hombre que afirmó que éramos incompatibles porque yo era demasiado preciso y él era un tipo de persona que "pasa por alto". ¡Precisamente! Se sentía incómodo cuando le hacía preguntas o notaba inconsistencias en sus medias verdades. Se hizo evidente que era un mentiroso hábil y manipulador. Es fácil darle a alguien el beneficio de la duda y negarte a ti mismo cuando tienes esperanzas en una relación. Cuando tengas dudas, ¡confía en ellos!

Culpa y vergüenza

Estas tácticas incluyen la proyección, una defensa donde el manipulador acusa a otros de su propio comportamiento. Los manipuladores creen que "la mejor defensa es una buena ofensiva". Al cambiar la culpa, la persona agraviada está ahora a la defensiva. El manipulador sigue siendo inocente y libre para seguir adelante, mientras que sus víctimas ahora se sienten culpables y avergonzadas.

Los abusadores suelen culpar a sus víctimas o a cualquier otra persona. Tenga cuidado con una disculpa que en realidad es otra manipulación. Los adictos suelen culpar de su adicción a otras personas, a su jefe exigente o su cónyuge "perra". Un acusado criminal sin defensa atacará a la policía o sus métodos de recolección de evidencia. Los violadores solían poder atacar la reputación de sus víctimas.

La culpa y la vergüenza cambian el enfoque hacia ti, lo que te debilita mientras el abusador se siente superior. Los mártires usan la culpa cuando dicen o insinúan "Después de todo lo que he hecho por ti", a veces combinada con críticas de que eres egoísta o ingrato.

La vergüenza va más allá de la culpa para hacerte sentir inadecuado. Te degrada como persona, no solo por tus acciones. "Los niños se comportarían si tuvieran un padre que supiera cómo ser padres (o que se ganara la vida dignamente)". Comparar es una forma sutil pero poderosa de avergonzar. Es perjudicial cuando los padres comparan a los hermanos entre sí o con sus compañeros de juego. Algunos cónyuges comparan a su pareja con su ex para tener la ventaja al hacer que su pareja se sienta inferior.

La culpa y la vergüenza pueden incluir "culpar a la víctima". Por ejemplo, encuentra evidencia en el teléfono de su pareja de que él o ella está coqueteando. Tu pareja se muestra indignada porque hablaste por teléfono. Ahora él o ella ha cambiado el enfoque hacia ti. Al culparte, tu pareja ha evitado una confrontación sobre el coqueteo y también puede mentir, minimizar o burlarlo por completo. Usted, la víctima real, se siente culpable por espiar, socavando cualquier enojo justificado y, por lo tanto, puede permitir que el coqueteo continúe sin ser abordado.

Intimidación

La intimidación no siempre implica amenazas directas. Se puede lograr con una mirada o tono y declaraciones como: "Siempre me salgo con la mía"; "Nadie es insustituible"; "La hierba no es más verde"; "Tengo amigos en las altas esferas"; "Ya no eres tan joven"; o "¿Ha considerado las repercusiones de esa decisión?" Otra estrategia es contar una historia destinada a provocar miedo, como: "Dejó a su marido y perdió a sus hijos, su casa, todo". "Lucho para ganar. Una vez casi maté a un chico".

Jugando a la víctima

Esto es distinto de culpar a la víctima. En lugar de culparte, esta táctica de "pobre de mí" despierta tu culpa y tu simpatía, por lo que harás sus órdenes. "No sé qué haré si no me ayudas". Las personalidades más desordenadas a menudo amenazan con suicidarse si te vas. También puede tomar la forma de "No te preocupas por mí"; "¿Por qué me tratas así?" o "Nadie me ayuda". Su conformidad genera resentimiento, daña la relación y fomenta la manipulación continua. La culpa por el comportamiento o la situación de otra persona es culpa irracional.

Conclusión sobre la manipulación encubierta

Estas tácticas son destructivas. Puedes perdonar, pero no olvides. Es probable que la manipulación continúe. Con el tiempo, esto es traumático y puede dañar gravemente su autoestima. La conciencia es el primer paso. Es posible que necesite ayuda para ver las cosas con claridad. Escriba conversaciones e intente identificar el abuso y todas las tácticas utilizadas. Más difícil aún es no tomar personalmente las palabras del manipulador y aprender a responder. Descubra cómo lidiar con un narcisista y personas difíciles, y conviértase en asertivo y establezca límites.

¿Cuáles son los objetivos de los manipuladores?

Muchos de nosotros ni siquiera nos damos cuenta de que están tratando de controlarnos y confundirnos. Es posible que tengamos una sensación de incomodidad en nuestro intestino que no coincida con las palabras del manipulador, o que nos sintamos atrapados en aceptar una solicitud. La mayoría de las personas reaccionan de maneras que aumentan el abuso o hacen el juego al abusador, lo que puede hacernos sentir pequeños y culpables, pero luego se retira y permite un comportamiento inaceptable. Si tuvieras un padre manipulador, podría ser más difícil de reconocer en una pareja, porque es familiar.

La sabiduría ancestral para "conocer a tu enemigo" es esencial cuando se trata de un manipulador. Ser capaz de detectar estas flechas ocultas le permite responder estratégicamente a la manipulación encubierta. Comprender lo que están haciendo te da poder.

Cuando las personas se comportan de forma pasiva-agresiva, lo que parece pasivo o defensivo es una agresión encubierta. Es discutible hasta qué punto su comportamiento es consciente o inconsciente. Para la víctima, no importa. El efecto es el mismo. Ser demasiado empático te pone en peligro de ser maltratado una y otra vez. Cuando alguien te ataca abierta o encubiertamente, está siendo agresivo.

El psicólogo George Simon argumenta que estos manipuladores encubiertos dicen y hacen cosas intencionalmente para obtener lo que quieren: poder y control. Para las personas con trastornos característicos , como los sociópatas y narcisistas y algunas personas con trastorno límite de la personalidad, sostiene que sus tácticas no son inconscientes de la forma en que operan normalmente los mecanismos de defensa. Sin embargo, su comportamiento es tan habitual que con el tiempo se vuelve reflexivo.

Objetivos de un manipulador

El objetivo de la manipulación es ganar influencia para satisfacer nuestras necesidades, pero los manipuladores habituales lo hacen por poder y control y utilizan métodos engañosos y abusivos. Los manipuladores mantienen la dominación a través de la manipulación emocional continua y recurrente, el abuso y el control coercitivo. A menudo son pasivo-agresivos. Es posible que mientan o actúen de forma cariñosa o heridos o conmocionados por sus quejas, todo para desviar cualquier crítica y seguir comportándose de una manera inaceptable. Al mantener el control para hacer lo que desean, los manipuladores apuntan a:

1. Evitar ser confrontado

2. Ponerte a la defensiva

3. Hacerte dudar de ti mismo y de tus percepciones

4. Ocultar su intención agresiva

5. Evadir responsabilidad

6. Evitar tener que cambiar

Cuando tienes un ser querido con un problema de abuso de sustancias, una de las principales cosas con las que vas a enfrentarte son las diferentes formas en las que está siendo muy manipulador y las razones por las que lo está haciendo.

Hay algunas razones diferentes por las que alguien manipula y está tan arraigado en ellas, que ni siquiera saben cuándo y cómo lo hacen. Es una respuesta tan automática. Si podemos enfocarnos en comprender realmente sus objetivos, tienes más posibilidades de poder luchar contra los diferentes tipos de manipulaciones que usan las personas.

No quieren ser confrontados por sus cosas, no quieren enfrentarse a sí mismos. Van a evitar eso a cualquier precio.

Quieren ponerte a la defensiva, hacerte parecer el malo. Te empujarán intencionalmente hasta que reacciones de una manera poco saludable. Saben cómo hacer esto. Son muy buenos para saber qué botones presionar para hacerte reaccionar y hacerte ver como el malo.

Otro objetivo es básicamente hacerte dudar de ti mismo y de tus percepciones. Lo que esto hace es que, incluso cuando los confronta, en algún momento comenzará a dudar de sí mismo y retrocederá. Son muy buenos para hacerte dudar de ti mismo. Una cosa que puede hacer es tener mucha confianza en sí mismo. A veces eso requiere algo de trabajo.

Quizás planean robarte. Tal vez te estén mintiendo directamente, sea cual sea su intención, solo quieren ocultarlo, es simple pero no siempre fácil de detectar hasta después del hecho.

Tú has visto esto, sé que usted tiene porque esto es algo que la mayoría de las veces cuando se tiene a las personas con problemas de abuso de sustancias, que están evitando la responsabilidad como un loco. Sé que cuando estaba revisando mis cosas, esto fue algo muy importante para mí. Constantemente culpaba a la gente.

El cambio da miedo. Seamos honestos, no nos gusta cambiar y es incómodo. Da miedo. Se vuelven tan buenos queriendo que las cosas sean consistentes o simplemente sigan como están, incluso si es destructivo, incluso si saben que no pueden seguir haciéndolo. Simplemente no quieren cambiar.

Pilares Emocionales Que Determinan Los Objetivos de Un manipulador

Entonces, esos son los objetivos. Ahora voy a entrar en los cuatro pilares de las emociones en las que juegan para lograr esos objetivos y cegarlos a lo que está sucediendo.

1. Resentimiento

2. Culpabilidad

3. Vergüenza

4. Miedo

Si tienes resentimientos importantes en tu vida, ellos lo saben y los usan en tu contra. Si eres co-padre con alguien con quien tienes resentimientos, ellos saben cómo usar eso en su beneficio

Si está atormentado por la culpa, ni siquiera tiene que estar directamente asociado con ellos, ellos saben cómo jugar con esos botones de culpa. Y pasa lo mismo con la vergüenza.

El miedo es el más fácil de jugar. Es el que causa las elecciones más desesperadas. Especialmente alrededor de ese miedo a morir. Desempeña un papel importante en el proceso de toma de decisiones. Y te estás diciendo a ti mismo: "Sí, pero Jen, no es como si ese miedo fuera a desaparecer". Y tienes razón, ese miedo no desaparecerá. Ser consciente de cómo el miedo influye en las decisiones puede hacer que las decisiones sean más sólidas y fundamentadas que sean en su mejor interés y no se basen en el miedo con el que están jugando para obtener lo que quieren.

Rasgos de comportamiento de las víctimas de un manipulador

Si bien un manipulador hábil puede usar la manipulación emocional en casi cualquier persona, hay algunos temas comunes que buscan los manipuladores.

Aquellos que atan su autoestima a satisfacer las necesidades de los demás son un tipo de víctima común. Los manipuladores se sienten atraídos por este tipo de personas, ya que son fáciles de manipular, culpar y victimizar. Al necesitar satisfacer las necesidades de los demás para sentir amor, este tipo de persona puede sucumbir más fácilmente a este tipo de abuso.

Las personas que tienen dificultades para decir no a los demás también son un tipo común de depredadores de los manipuladores. Si evita el conflicto, eso le permite al manipulador hacer lo que quiera sin preocuparse por las repercusiones.

Las personas que tienen problemas para expresar emociones negativas normalmente evitarán la confrontación y mantendrán las cosas felices pase lo que pase. Como tal, los manipuladores a veces buscan a estas personas ya que las amenazas pueden ser todo lo que se necesita para obtener lo que quieren.

Aquellos que tienen un sentido débil de sí mismos a menudo tienen dificultades para distinguirse del abusador. Eso hace que sea especialmente difícil confiar en sus propios sentimientos o tomar decisiones que lo harán feliz. Los manipuladores lo aprecian, ya que significa que no necesitan esforzarse tanto para conseguir lo que buscan.

Veamos ahora, de manera más profunda, los rasgos tanto a costo como a largo plazo, que presentan las víctimas de manipulación, específicamente en lo conductual:

Efectos a corto plazo

Sorpresa y confusión: sentir que lo que está sucediendo no puede ser así, preguntarse por qué la persona que ha sido un amigo o un ser querido ahora actúa como un completo extraño.

Cuestionarse a sí mismo: es posible que se pregunte si realmente recuerda las cosas bien o si algo anda mal en usted. Esto es el resultado de que todo lo que haces sea cuestionado, o que te digan que recuerdas cosas mal y que la parte manipuladora tiene razón.

Ansiedad y vigilancia: para evitar futuras manipulaciones, puede volverse hipervigilante con usted mismo y con los demás. Esta es una forma de evitar comportamientos que puedan hacer tambalear el barco, o buscar en otros comportamientos que apunten a un arrebato.

Ser pasivo: dado que tomar medidas puede generar más dolor en una relación emocionalmente abusiva, ser pasivo puede convertirse en lo predeterminado. Es algo que puede ser difícil de no hacer cuando se encuentra en una situación tan estresante como puede ser.

Vergüenza y culpa: es posible que se sienta culpable o se culpe por desencadenar la presencia manipuladora en su vida. Como pueden culparlo, puede resultar más difícil no desquitarse, lo que lo lleva a sentirse aún peor.

Evitar el contacto visual: puede terminar evitando el contacto visual y volviéndose más pequeño dentro de usted para ocupar menos espacio y sentirse menos propenso a ser molestado por el manipulador.

Caminar sobre cáscaras de huevo: no saber qué causará un aumento en el comportamiento de la otra persona puede llevar a pensar excesivamente en cada pequeña cosa que hace para asegurarse de no enojar o enojar al manipulador.

Efectos a largo plazo de la manipulación emocional

Aislamiento y entumecimiento: te conviertes en un observador en lugar de alguien que actúa. Es posible que sienta poco o nada, incluso en situaciones que deberían alegrarlo. Esto puede hacer que se sienta desesperado y dañado, incapaz de volver a sentir emociones.

Requerir aprobación: esto se manifiesta en formas como logros excesivos, ser amable con todos, complacer a la gente y estar enfocado en la apariencia. Después de sentir que no eres suficiente durante un largo período de tiempo, tu instinto es hacerte parecer perfecto para que los demás te aprecien.

Sentirse resentido: esto puede manifestarse como frustración, impaciencia, irritabilidad y culpa. El resentimiento inevitablemente requiere liberación, pero esto puede ser difícil de buscar y permitir. Después de que alguien te trata mal, puede ser difícil ver algo que no sea ese mal comportamiento.

Juicio excesivo: es posible que se encuentre observando lo que hacen los demás y manteniendo a las personas, incluido usted mismo, a estándares muy altos. Esta es una forma de sentirse en control después de no tener el control. Esto a menudo requiere tiempo y autocompasión para superarlo.

Trastorno depresivo y ansiedad: después de la manipulación u otro abuso emocional, se han dicho tantas mentiras que a menudo puede creerlas usted mismo. Sin embargo, la buena noticia es que se puede curar con el tiempo.

Además de estos signos, el síndrome de Estocolmo también es común en este tipo de situaciones. La persona que está siendo abusada por el abusador se acostumbrará al abuso e incluso defenderá sus dolorosas acciones.

En el caso de que alguien sea abusado física o sexualmente, lo más probable es que pueda ver sus efectos. Cuando se trata de abuso emocional y mental, esto no es cierto. Las cicatrices no son corporales, pero pueden afectar a la persona maltratada por el resto de su vida. Esto es especialmente cierto para aquellos que no buscan la ayuda de un profesional. La manipulación mental puede llevar a problemas de intimidad, confianza, respeto y seguridad, solo por nombrar algunos.

El papel de la defensa contra la manipulación

Llegado este punto, es momento de entrar en un detalle crucial: la defensa contra todo lo negativo que ya conoces a profundidad gracias a los capítulos anteriores.

No es que no conocieras la manipulación con anterioridad, desde luego que has estado expuesto a ella, así como muy probablemente la has practicado alguna vez.

La cosa aquí es que ya sabes cómo opera, ya conoces los diferentes tipos de manipulación que existen, ya conoces las estrategias y tácticas de un manipulador y lo puedes detectar de inmediato.

Ahora veamos qué puedes hacer para evitar o contrarrestar la manipulación, algo de lo que te hablé pero muy poco en capítulos anteriores.

Pero antes de ahondar en eso, pensemos en por qué es importante, en qué papel juega la defensa.

Defendernos de una manipulación es un arte, tanto como lo es la propia manipulación. Así como necesitamos de cierto conocimiento para detectarla, también necesitamos de mucho tacto para abordarla, porque al final de cuentas, así como no queremos ser víctimas, tampoco queremos excedernos, ni actuar de mala manera.

Defendernos es fundamental, es una manera de ser fieles a nosotros mismos, de hacer justicia cuando es necesario y sobre todo cuando nadie mejor que nosotros para ello.

Defendernos de la manipulación es un deber que tenemos con nosotros mismos, pero también es una manera de educar al manipulador, de hacerle entender muchas cosas, todas positivas, y también de hacerle ver sus errores.

Recuerda que en capítulos anteriores te he dicho que muchas veces el manipulador se encuentra en estado de negación, él o ella no entienden que están incurriendo en la psicología oscura.

Por otro lado, hay también quienes sí lo hacen de manera premeditada, ellos también necesitan ser educados, que se les explique lo errados que están.

Las personas manipuladoras se pueden encontrar en cualquier lugar: entre tus amigos, tus colegas o incluso entre las personas con las que sales.

Saben cómo detectar tus debilidades, usarlas en tu contra y convencerte de que hagas algo que sirva a sus propios intereses. Tal vez lo hagan a través de tácticas positivas como la adulación insincera y la cercanía falsa, pero es más probable que lo hagan a través de medios más negativos como el trato silencioso, la crítica, el engaño y el abuso emocional.

Estar en el extremo receptor de la manipulación no es agradable, entonces, ¿cómo puedes lidiar con personas con manipuladores en la vida cotidiana? Aquí hay algunas estrategias que puede utilizar para detener a las personas manipuladoras en seco y conservar algo de su propia cordura:

"No significa NO"

Cuando se trata de personas manipuladoras, aprenda el poder de decir "no" de una manera calmada y diplomática.

No necesitas calificar tu "no" con una razón. De hecho, dar una razón simplemente le da a la persona información que puede usar para sortear sus defensas y hacerle decir "sí".

Al principio, la persona manipuladora puede molestarse y tratar de convencerlo persistentemente de lo contrario. No importa cuánto te presionen, siga diciendo "no" y eventualmente se cansarán y se rendirán.

No te disculpes automáticamente

Las personas manipuladoras son muy inteligentes para cambiar las tornas y hacer que todo sea tu culpa, incluso cuando sabes que no fue así. Les encanta jugar a la víctima.

Un minuto estás tratando de hablar con ellos sobre algo que hicieron mal, al minuto siguiente te encuentras disculpándote.

A veces es tentador simplemente disculparse para mantener la paz, pero solo les estás dando más control sobre ti. Los manipuladores a menudo se niegan a asumir la responsabilidad de sus propias acciones. Manténgase firme y no se responsabilice por algo que sabe que no hizo.

Intenta no reaccionar

Cuanto más intente defenderse o explicar su posición, más profundamente se adentrará en su trampa. Las personas manipuladoras quieren que usted se emocione para que puedan ver cómo funciona. No les importa tu perspectiva o escuchar lo que tienes que decir.

Cuanto más te emocionas, más se parece a la persona tranquila y serena. Crean drama y caos a su alrededor para que usted parezca "loco" y ellos parezcan cuerdos.

No importa cuántas acusaciones te hagan, rehúsa participar. Di "Lamento que te sientas así" y aléjate.

No te molestes en intentar corregirlos.

Las personas manipuladoras pueden participar en todo tipo de tácticas. Incluso si sabes que están mintiendo o criticando , confrontarlos nunca dará como resultado el resultado que deseas. Es muy poco probable que un manipulador admita repentinamente su comportamiento. Al tratar de corregirlos, se está involucrando con ellos, y hacerlo solo crea más y más ansiedad, estrés y drama. Es una batalla que nunca ganarás.

Tener límites claros

Los límites en las relaciones humanas son realmente importantes, pero las personas manipuladoras tienden a aprovecharse de los complacientes que tienen límites muy débiles.

Si tiene límites débiles, intente escribir las cosas que aceptará y no aceptará en su vida. Si la persona manipuladora sigue cruzando uno de sus límites, sepa cuándo alejarse y desconectarse. Decida con anticipación cuáles serán las consecuencias si no respetan sus límites.

Sé claro acerca de tu perspectiva

Las personas manipuladoras tienen el hábito de encender gas , lo que puede llevarlo a cuestionarse y cuestionar su percepción de los eventos. Antes de que te des cuenta, te estás disculpando y no creyendo en ti mismo. Esto es lo que quieren porque les permite tener control sobre ti. Sea claro acerca de su perspectiva y sepa que tiene derecho a ser escuchado.

Tómate un tiempo para tomar decisiones

A veces, las personas manipuladoras exigirán que les des una respuesta allí mismo. No ceda a la presión. Si necesita tiempo para pensar en un acuerdo en particular, dígales "Lo pensaré". Esto le da tiempo y es mejor que actuar sin pensar bien las cosas.

Mantén tu distancia

Si puede, es mejor eliminar de su vida a las personas muy manipuladoras e ignorarlas. A veces, sin embargo, esto no es posible, especialmente si es un colega. En ese caso, es mejor minimizar su contacto con ellos a menos que sea absolutamente necesario.

Entonces en definitiva, defenderse de la manipulación es algo más que necesario, es muy importante, juega un papel fundamental dentro del equilibrio de las cosa en el mundo.

Conclusión sobre la manipulación oscura y las técnicas prohibidas de Persuasión PNL

Es indiscutible que ambos temas merecen ser tratados en un mismo libro, por eso los hemos unido en este bundle donde te hemos mostrado, tanto con hechos como con teorías, la importancia que tiene hoy en día el conocer todas las técnicas que te ayudan a escapar del año y la manipulación, al mismo tiempo que también es importante saber dominas disciplinas que nos lleven el logro de nuestros objetivos.

Cuando sabes identificar a un manipulador, cuando eres capaz de reconocer el lenguaje de la persuasión, estás libre de ser engañado. Pero cuando aprendes a utilizar esas armas a tu favor, puedes lograr lo que te propongas porque habrás comprendido las reglas secretas del juego de la comunicación.

La comunicación es clave, tú decides si te dejas dominar a través de ella o si aprendes a usarla para ser tú el que llegue más lejos que el resto.

Ahora, mi último comentario acerca de todo este tema, es que necesito de ti para seguir creciendo, necesito que me comuniques tu crítica, todo aquello en lo que yo pueda ser mejor y tú me puedas ayudar a lograrlo.

Por favor, no dudes en tomarte tu tiempo para comentarme qué te ha parecido este bundle de dos libros donde te ofrezco mi conocimiento y mi experiencia. Cualquier opinión de ti, mi querido lector, será muy bien apreciada y valorada.

De igual forma los invito a dejar un comentario en forma de reseña de este libro, sus comentarios son muy importantes para mí, muchas gracias

www.ingramcontent.com/pod-product-compliance
Lightning Source LLC
Chambersburg PA
CBHW070753240726
48654CB00007B/61